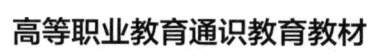
高等职业教育通识教育教材

职场启航
大学生职业生涯规划能力训练

陈 曦 管琰琰 主 编
莫志芳 刘 霞 副主编

中国轻工业出版社

图书在版编目（CIP）数据

职场启航：大学生职业生涯规划能力训练 / 陈曦，管琰琰主编. -- 北京：中国轻工业出版社，2025.7.
ISBN 978-7-5184-5231-6

Ⅰ. G647.38

中国国家版本馆 CIP 数据核字第 20242WS225 号

责任编辑：贺晓琴　秦宏宇　　责任终审：劳国强　　　　设计制作：锋尚设计
策划编辑：史祖福　　　　　　　责任校对：刘小透　晋　洁　责任监印：张　可

出版发行：中国轻工业出版社（北京鲁谷东街5号，邮编：100040）
印　　刷：三河市万龙印装有限公司
经　　销：各地新华书店
版　　次：2025年7月第1版第2次印刷
开　　本：787×1092　1/16　印张：12.25
字　　数：275千字
书　　号：ISBN 978-7-5184-5231-6　定价：42.00元
邮购电话：010-85119873
发行电话：010-85119832　010-85119912
网　　址：http://www.chlip.com.cn
Email：club@chlip.com.cn
版权所有　侵权必究
如发现图书残缺请与我社邮购联系调换
251134J2C102ZBW

前言

2021年,"全国职业教育大会"在北京召开。习近平总书记就职业教育工作作出重要指示,强调在全面建设社会主义现代化国家的新征程中,职业教育前景光明、大有作为,要求加速构建现代职业教育体系,培育更多高素质技术技能人才、能工巧匠以及大国工匠。同年,中共中央办公厅、国务院办公厅印发的《关于推动现代职业教育高质量发展的意见》,首次明确提出"鼓励应用型本科学校开展职业本科教育",应用型本科学校举办职业教育成为国家发展职业本科教育的顶层设计和制度安排。职业教育前景光明、大有作为的话语,给予了职教战线奋斗者无尽的信心与动力,让我们有信心、有信念在新征程中坚定地把握机遇、迎接挑战,加速构建现代职业教育体系。

随着社会的发展,人才竞争日益激烈已成为不争的事实。在这样的环境下,职业本科院校作为培养应用型人才的重要阵地,必须紧密结合市场需求进行人才培养。只有这样,才能确保培养出的学生具备市场所需的技能和知识,提高学生的就业竞争力。对于学生个人而言,谋求自我发展并制订契合自身的职业生涯规划至关重要。职业生涯规划可以帮助学生明确自己的职业目标和发展方向,有针对性地进行学习和实践,提高自身的综合素质。如果不对职业生涯进行合理科学的规划,学生很容易在学习和生活中迷失方向,浪费青春时光,难以实现自己的人生价值。

职业生涯规划课程旨在树立正确的职业观、世界观、人生观和价值观,围绕个人能力、兴趣、技能、价值观开展自我探索,结合社会现实和职业信息做出符合自身实际、科学合理的职业规划。为了达成这一教育目标,本教材在内容和体例设计上突出以下特色。

1. 兼顾理论知识学习与实际生活的结合

职业生涯规划离不开理论的学习。因此,本教材在内容编写上,涵盖了丰富的职业生涯规划理论知识,为学生构建起坚实的知识框架,从自我评估到职业信息收集,从制订计划到行动实施,每一个环节都有深入的理论阐述,让学生能够系统地了解职业生涯规划的科学方法。此外,本教材摒弃了单纯的理论讲授与心理测试模式,引入了贴近学生生活的案例。这些案例来自实际的职场生活,或是成功的职业发展案例，或是在职业生涯规划中走过弯路的教训。通过这些案例，学生们可以更加直观地感受到职业生涯规划的重要性，也能从中学到如何将理论知识应用到实际中去。

2. 以学习者为中心设计教材内容

传统教材更多地关注内容的系统性、完整性和连贯性，忽视了学习者在阅读和使用时的感受。本教材在内容策划和体例设计上充分考虑了使用者的阅读习惯以及课堂使用的实际情境，通过设置课前案例、课前自我思考促使学生反思现状，激发学习的兴趣。以"理论先行，实践巩固"的方式推进学习，每个专题都设计实训任务，实现"在实践中学习、在实践中反思、在实践中提升"。同时，帮助学生在理论与实际之间建立联系，为未来的应用奠定基础。

3. 注重学生综合能力的锻炼和提升

在思维能力培养方面，本教材通过引导学生进行自我评估、职业分析和规划制订等活动，锻炼他们的批判性思维、逻辑思维和创新思维。学生在思考自己的兴趣、特质、能力和职业目标的过程中，学会客观地分析问题、提出合理的解决方案，并勇于尝试新的思路和方法。在职业生涯规划制订和实施的过程中，学生不可避免地会遇到各种挑战和困难，为此，本教材内容中安排了时间管理、压力管理和成长型思维培养等内容，帮助学生提升综合能力，为未来的职业发展作好充分的准备。

本教材由陈曦、管琰琰担任主编；莫志芳、刘霞担任副主编。

本教材在编写过程中参考和引用了相关论著和资料，在此对论著和资料的作者表示诚挚的感谢！

由于编者能力有限，难免存在不足之处，恳请相关专家及广大读者提出宝贵的意见和建议。

编者

2024年10月

目录

专题一　认识职业生涯规划 /1
　　单元一　职业生涯规划的基本概念 4
　　单元二　职业生涯规划的意义 7
　　单元三　探索职业生涯 9

专题二　自我发现之旅 /19
　　单元一　发现自我的职业兴趣 22
　　单元二　发现自我的性格特点 29
　　单元三　发现自我的独特能力 36
　　单元四　发现自我的职业价值观 42

专题三　职业世界探险 /63
　　单元一　收集行业信息 66
　　单元二　调研行业领军企业 71
　　单元三　寻找岗位核心能力 75
　　单元四　验证职业信息 80

专题四　制订职业规划 /93
　　单元一　职业决策 96
　　单元二　拟定目标和行动计划 109
　　单元三　打造职业发展曲线 115

专题五　职场适应 /125
　　单元一　规划自我的时间 128
　　单元二　缓解自我的压力 134
　　单元三　获得成长型思维 139
　　单元四　提升自我的沟通技能 143

专题六 **综合案例分析与实践 /153**
  单元一 撰写个人职业生涯规划书.......................... 156
  单元二 给小明的职业规划把把脉.......................... 172

参考文献 /189

专题一
认识职业生涯规划

学习目标

1. 认识职业生涯规划的基本概念和基本思路。
2. 激发学生的生涯意识,进行世界观教育,树立更加科学、更具有家国情怀的职业生涯规划。
3. 明确大学生活与未来职业生涯发展的关系,提高职业生涯规划的自觉性,对自己的职业生涯负责。
4. 通过本专题的学习,帮助学生正确地理解职业生涯规划的理念,全面地、辩证地看问题,学会平衡各种角色。提高对职业生涯规划意义的认识,从而积极地对自己的职业生涯进行探索和规划。

课前案例

困惑与迷思

1. 小李觉得自己的大学生活很无聊。自己没什么爱好，每天除了学习还是学习，但90分的考试成绩和60分没有什么区别，所以学习没什么动力。偶尔想起未来的发展，他有些迷茫和焦虑，但觉得那应该是大四时考虑的事情。

2. 一开学，小林该上大学二年级了。随着对大学的新鲜感逐渐淡去，她成了校园里的老生，天天都很忙，上课、听讲座、参加社团活动、和同学逛街……但她又不知道自己在忙什么。有时觉得很累，可想到要为毕业后的工作打个基础，就觉得这些付出也许是值得的；有时又很茫然，甚至有点沮丧，因为忙得毫无头绪，不知道这样的付出对未来的发展有没有作用。

3. 小方是大学三年级的学生。刚进入大学的时候，她对自己四年后的目标就很明确——考研究生。这主要来自父母的意见："在大学扩招的背景下，大学毕业生每年以几十万的速度增长，不读研，怎么能找到好工作？"小方开始还挺认同，但随着大学生活的深入，生性活泼的她参加了很多社会活动，乐在其中并小有成绩。小方开始觉得继续读研究生并不是她喜欢的，自己更喜欢做与人打交道的工作。可是，对本科毕业生能否找到好工作，小方很怀疑。所以，虽然很痛苦，但她依然每天复习准备考研。

案例思考

对于目前的大学生活和未来的职业生涯，你有哪些困惑？

课前自我思考

在正式开始这个篇章的学习前，请你思考一下，在下面这几个"不知道"中你"知道"几个？

1. 不知道自己想干什么。
2. 不知道自己能干什么。
3. 不知道自己适合干什么。
4. 不知道社会需要什么样的人。
5. 不知道自己所学专业未来的发展状况。
6. 不知道到哪里找工作。
7. 不知道现在该做些什么。

8. 不知道应该考研、就业还是创业、出国……

作为一名大学生，在人生道路上，难免会遇到迷茫的时候，内心慌乱，不知所措，面对未来，不知道自己该干什么，不知道自己该往哪儿走，好像知道自己该做什么，却不知道方向在哪里。大学阶段也是一个人成长的重要阶段，在这一过程中，我们要理性地去面对现实、面对自我。对于未来的生活及学习，同时也应该有一个具体的规划，只有制订相应的生涯规划，明确未来的发展目标，树立实现职业理想的信心，才能找到一条适合自己发展的职业道路。不管未来的人生旅途有多艰难，我们都要勇敢地去面对。只要我们做好充足的准备，为实现自己的职业理想不断努力，任何困难都无法把我们压垮，我们的人生也会更加丰富和精彩。

单元一 ｜ 职业生涯规划的基本概念

一、什么是生涯

生涯（career），源自罗马文Via carraria（马车道）和拉丁文carrus（马车），指驾驭赛马，后来这个词汇被引申为"道路"，意思是人生的发展道路与轨迹。从广义方面来看，人的一生，有"衣食住行"这些生活的基本要素，也有工作和休闲娱乐的方式，还有爱情、婚姻、家庭的经历。这些都发生在人的一生之中，可以看成广义的"生涯"。但从狭义方面来看，其核心内容仍旧是职业问题。在西方，"生涯"强调从事职业的过程。同时，它强调的不是一般的职业，而是一个人终生孜孜追求的事业，并在这个过程中获得人生的意义。生涯与职业的关系非常密切，但是两者并不等同。

奥地利心理学家弗洛伊德认为"工作"和"爱"是人生中最重要的两件事，因为拥有一份乐在其中的工作，常常让人能够实现自己的理想和抱负。实际上，生涯的意义范围要比工作或者职业更大。

《现代汉语词典》（第7版）对生涯的解释是指从事某种活动或职业的生活。

职业规划大师舒伯认为，生涯是一个人生活中各种事件的演进方向和历程，统合个人一生中各种职业和生活的角色，并由此表现出个人独特的自我和发展组型。

二、什么是职业生涯规划

职业生涯规划是指一个人对其一生的职业发展道路的设想和规划，是在对自我和内部、外部环境因素进行综合探索分析的基础上，通过对个人未来职业发展目标以及如何实现目标的有效规划，以实现个人职业发展的成就最大化为目的而做出的行之有效的规划设计。职业生涯规划最早起源于1908年的美国。有"职业指导之父"之称的弗兰克·帕森斯针对大量年轻人失业的情况，成立了世界上第一个职业咨询机构——波士顿地方就业局，首次提出了"职业咨询"的概念。从此，职业指导开始系统化。到20世纪50、60年代，舒伯等人提出"生涯"的概念，于是生涯规划不再局限于职业指导的层面。舒伯的生涯发展理论将生涯的过程视为从出生到死亡的历程，包括成长（0~14岁）、探索（15~24岁）、建立（25~44岁）、维持（45~65岁）和退出（65岁以上），如图1-1所示。大学生的生涯发展阶段属于探索期，这个阶段主要的生涯发展任务是从多种机会中探索自我，逐渐确定职业偏好，并在所选定的领域中开始起步。

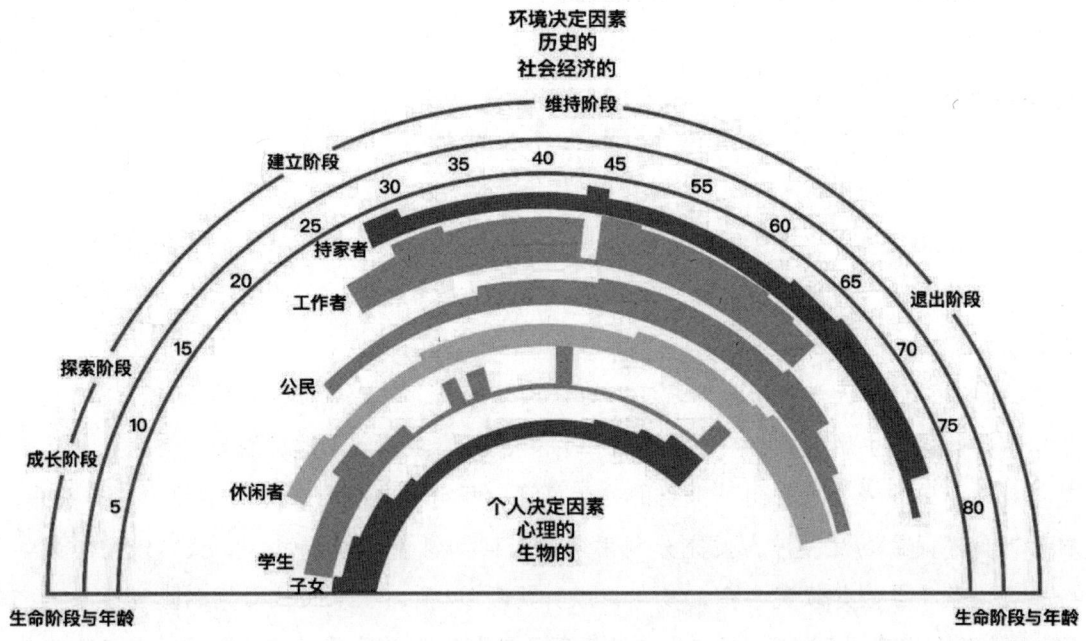

图1-1　舒伯的生涯彩虹图

从舒伯的生涯彩虹图中，我们可以看到立体化的生涯发展历程。为了综合阐述生涯发展阶段与角色彼此间的相互影响，生涯彩虹图描绘出一个多重角色生涯发展的综合图形，形象地展现了生涯发展的时空关系，更好地诠释了生涯的定义。在生涯彩虹图中，纵向层面代表的是纵观上下的生活空间，由一组职位和角色所组成，分成子女、学生、休闲者、公民、工作者、持家者六个不同的角色，他们交互影响交织出个人独特的生涯类型。舒伯认为，持家者、公民、休闲者、学生、子女和工作者的角色都是一个人自我概念的具体表现。自我概念包括个人对自己在兴趣、能力、价值观以及人格特征等方面的认识，是个人生涯发展历程的核心。

在舒伯的理论中，生涯规划不仅注重职业对人的意义，也很看重非职业角色对人生自我实现的可能性，如果一个学生不能从专业学习中获得百分之百的释放，就要认真规划自己的休闲生活，从而获得更多的自我实现。

通过对生涯规划理论的梳理，我们知道，大学生职业生涯规划不应该简单地等同于找工作，而是应该将其融入大学生个体的自我发展、角色发展的历程。将传统被动的"无意识找工作"转变为主动利用主观、客观资源的"有意识找工作"。大学时期是人生的黄金期，也是很容易错过的重要发展时期。因此，大学生在对生涯的主观、客观条件进行测定、分析、总结的基础上，对自己的兴趣、爱好、能力、特点进行综合分析与权衡，结合对工作世界的认知，确定自己最佳的职业目标与生涯愿景，并为实现这一目标作出行之有效的安排、行动的过程。

案例1-1

规划好大学生活是迈向成功的阶梯

陈某，2022届毕业生，刚进大学时，和其他的大一新生一样，茫然不知所措。但很快，在辅导员及时的交流和耐心的指导下，她开始思考并行动，确立了自己的学业目标和行动计划。

四年中，她的大学生活非常充实，曾任班级班长、宣传委员、纪检委员，院学生会组织部部长、副主席等职务。在繁杂的工作中，即使常常会失败、委屈、熬夜，她还是越挫越勇，工作成效也得到了师生的一致好评。作为学生党员，她是学习中的排头兵，自知时间不足、功底不厚，便充分利用碎片时间如饥似渴地学习，曾获国家励志奖学金，多次获得学校等级奖学金，参与校级科研项目1项，在中文核心期刊发表学术论文1篇。她多次荣获"三好学生""优秀共青团干部"等荣誉称号，在德智体美劳各方面均起到了模范带头作用。

进入大学以来，她始终保持昂扬的精神状态对待每一天。总是宿舍中起得最早，睡得最晚的，总是脚步匆匆的，总是学生活动台前幕后"跳上蹿下"的……用信念播撒希望，用汗水浇灌学习，将激情赋予工作，以奋斗收获成功。大学毕业后，她考入了心仪的学校继续读研。

单元二 ｜ 职业生涯规划的意义

对大学生而言，职业生涯规划就像一座灯塔，指引着自己在追求人生目标的道路上前进，其目的是要突破障碍、激发潜能、实现自我。它向人提供一些有效的方法和工具，让人有能力在不同发展阶段都能对自己的过去、现在和未来有一个重新审视和评估的机会。即使在无法预期、充满不确定的人生中，也可以学习到如何根据这些可能发生的变化不断调整自己，修正原有的计划，为自己的每一个人生阶段创造最大的满足感和成就感。

一、帮助大学生确定职业发展的目标

职业生涯规划的五大要素是知己、知彼、抉择、目标、行动。其中，知己、知彼是抉择、目标、行动的基础，其实质是学生对于自身的客观认识和对环境的判断。只有全面、正确地认识自身的特性和潜在优势，对自己的价值进行恰当的定位，才能明确自己的职业生涯目标，制定适合自己发展的职业生涯路线。

二、帮助大学生发掘潜能，提升自身竞争力

大学生通过职业生涯规划了解和认识自己，学会运用科学的方法采取可行的步骤与措施，有针对性地学习，参加各种相关的培训和实践活动，培养和锻炼自己的能力；充分发挥个人的长处，努力克服弱点，挖掘潜在的能力，不断提升自我素质，实现自身价值的升华，实现全面发展，提升自身竞争力。

三、有利于大学生实现人生目标

职业生涯规划是事业成功的导航仪，没有明确目标的职业生涯是很难获得成功的。职业生涯规划可以使大学生们在前进的过程中保持一个向心力，促使其在实现目标的过程中不断充实自己，即具有不断自我更新的学习能力和持续的创新能力，为心中的理想努力奋斗，实现人生目标。

案例1-2

马努杰死亡旋梯

　　有一名亚美尼亚的推销员叫马努杰，在他47岁的职业生涯中，曾经为207家公司工作，平均一年换5次工作，平均两个月就被辞退或跳槽一次。年轻的马努杰充满无限可能，所以就业过程中但凡有不顺心之处就轻易离职，年轻的他可以短时间内又找到一份新的工作。马努杰职业生涯前期就在这样的不断离职中度过，没有通过有计划的工作锻炼自己的专业能力、积累资源。到了中年时，马努杰精力和体力慢慢地不如从前，核心专业能力不足，选择工作的机会就不像年轻时那么多，只能选择一些退而求其次的工作，但是在离职这条道路上他依旧我行我素。随着年龄的不断增大，马努杰的精力进一步下滑，可选择的机会大幅度降低，就像一个旋梯，越往下走越狭窄，直到死去那一刻，他也不明白自己到底适合什么工作。

　　我们不知道自己为何活着，沉重的付出只带来微不足道的意义。

单元三 ┃ 探索职业生涯

具体地说,一个系统的职业生涯规划应当包含六个基本步骤:觉知与承诺、自我探索、探索工作世界、决策、求职行动、再评估(图1-2)。

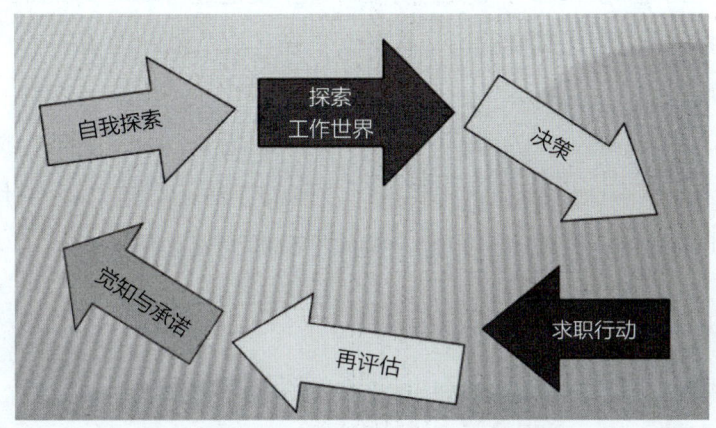

图1-2 职业生涯规划步骤循环图

一、职业生涯规划的步骤

(一)觉知与承诺

在这个阶段,学生了解到生涯规划的重要性和作用,并愿意花时间来规划自己的生涯。此外,我们要明白职业生涯规划是一个过程,未必能立竿见影,马上能为自己找到理想的工作。就像是用心播下的一颗种子,这颗种子未必能马上发芽。因此,对职业生涯规划需要有一个合理的预期。

(二)自我探索

系统化的生涯规划是一个"从内而外"的过程。因此,在职业生涯规划时,首先要认识自己,自我探索。只有通过全面分析,了解自我,才能做出适合自己的职业生涯发展选择。

(三)探索工作世界

首先,我们要了解各个行业,特别是我们感兴趣或与所学专业相关的行业的发展现状,包括行业发展的阶段(曙光、朝阳、成熟、夕阳)、适合进入的人群类型、人力资源市场状况等；其次，要了解行业内的职位及其工作内容、工作环境、入职条件、工作报酬等信息；最后，还要了解行业文化和行业中主要组织的结构、文化等。

（四）决策

决策是综合整理和评估信息的部分，在对自己和职业环境有了充分的了解后，我们要进行决策，确定我们将来要进入的行业、准备从事的职业以及目标单位，并且制订计划来实现我们的职业目标。但在决策时有可能因信息不全而重新回到前面两个步骤。

（五）求职行动

行动是将全部的探索和思考落实的阶段。学生要通过行动来实现自己设立的工作目标。例如了解求职全过程、制作简历、提升面试技巧以及创业准备等。

（六）再评估

当学生在实践中迈出生涯的重要一步——进入职场时，由于任何人或事物都是在运动中变化的，因此，职业生涯规划需要进行及时的评估和调整，需要针对问题搜集信息，并通过分析与综合，形成改进方案，如此不断螺旋式上升。

案例1-3

张艺谋成功的职业规划

作为中国最成功的导演之一，张艺谋，1950年4月2日出生于陕西西安。在电影艺术上的成就可谓"一览众山小"，曾获美国波士顿大学、耶鲁大学荣誉博士。他是如何做到今天的成就的呢？让我们来看看他是如何规划自己的人生的：

"前半生"——从农民到摄影师和演员

1968年初中毕业后，张艺谋在陕西乾县农村插队劳动，后在陕西咸阳国棉八厂当工人。1978年进入北京电影学院摄影系学习。1982年毕业后任广西电影制片厂摄影师。1984年作为摄影师拍摄了影片《黄土地》，1985年获第五届中国电影金鸡奖最佳摄影奖，随后又获法国第七届南特三大洲国际电影节最佳摄影奖、第五届夏威夷国际电影节东方人柯达优秀制片技术奖。1987年主演影片《老井》，同年获第二届东京国际电影节最佳男演员奖，1988年获第八届中国电影金鸡奖最佳男主角奖、第十一届电影百花奖最佳男演员奖。这时候他还不是导演，而这可以算他职业生涯中的前半生。

"后半生"——从《红高粱》到《英雄》

1987年，张艺谋导演的一部《红高粱》，以浓烈的色彩、豪放的风格，颂扬中华民族激扬昂奋的民族精神，熔叙事与抒情、写实与写意于一炉，发挥了电影语言的独特魅力，于1988年获第八届中国电影金鸡奖最佳故事片奖、第十一届电影百花奖最佳故事片奖、第三十八届西柏林国际电影节最佳故事片金熊奖、第五届津巴布韦国际电影节最佳影片奖、最佳导演奖、故事片真实新颖奖，第三十五届悉尼国际电影节电影评论奖、摩洛哥第一届马拉卡什国际电影电视节导演大阿特拉斯金奖；1989年获第十六届布鲁塞尔国际电影节广播电台青年听众评委会最佳影片奖。正是这部电影，让张艺谋成功地实现了从演员到导演的转型，并以一个成功导演的角色进入公众视野，奠定了张艺谋成功导演的地位。从此，张导便一发不可收，在经过一段艺术片的成功后，他又转向了商业大片，《英雄》等一部部商业大片的爆火为他带来了巨大的声誉，并最终带他走到了中国电影旗帜的位置。

揭秘：张导成功发展轨迹

反观张艺谋的个人职业发展轨迹：插队劳动的农民—工人—学生—摄影师—演员—导演，一次次巨大的职业跳跃和转型最终造就了一个成功的导演。接下来，让我们来一层层揭秘张导的成功发展轨迹。

生涯准备期：定位、积累

特殊的历史环境，使得年轻时的张艺谋未能上高中就插队当了农民和工人，很多人像他一样没有选择，但能像他一样坚持自己梦想的却不多。终于，在1978年，张艺谋在27岁的时候去学习自己心爱的技术——摄影，为自己未来的转型进行积累。

生涯转型期：学习、坚持

重新进入课堂学习后，张艺谋老老实实地做起了摄影，虽然他的志向是导演，但他显然十分清楚自己要做什么。这个时候的他仍在学习，不是在课堂上，而是在实践中学习。当时，他拍摄的很多片子都是与当时已经很有名气的陈凯歌导演合作的，陈凯歌导演也可以算他半个师傅。他做摄影获奖的那部《黄土地》就是陈凯歌导演的。

生涯冲刺期：否定、准备

在《黄土地》获奖后，张艺谋有两个选择：继续作为一个已经很成功的摄影师或者转型开始做导演。然而，意料之外，他却做了另外的选择——做一名演员！并且也获得了一定的成功。不过也可以说，这实在是最明智的选择。要做导演，特别是要想成为较有建树的导演的话，当然最好能亲身体验做演员的感受，才能在拍片的时候和演员们契合。也许，这也是张导拍片能获得成功的一个缘由吧。

二、大学生职业生涯规划常见误区

大学生在进行职业生涯规划时，可能会陷入以下几个误区。

（一）缺乏自我认知

很多大学生对自己的兴趣、爱好、优势和劣势缺乏深入了解。在规划职业生涯时，往往随大流选择热门专业或职业，而没有考虑自己是否真正适合这些选择。例如，有些学生因为听说计算机专业就业前景好就盲目选择，但如果自己对编程毫无兴趣和天赋，未来在学习和工作中可能会感到痛苦和吃力。

（二）目标不明确

大学生在职业生涯规划中常常没有明确的目标。他们可能只是有一个模糊的想法，比如"我想找个好工作"，但对于具体的职业方向、行业领域、职业发展路径等缺乏清晰的规划。这会导致在大学期间的学习和实践缺乏针对性，浪费宝贵的时间和机会。

（三）过于理想化

大学生往往对未来的职业生活充满幻想，容易将职业生涯规划得过于理想化。例如，期望一毕业就进入知名企业担任高职位、获得高收入，而忽视了现实中的竞争和挑战。这种不切实际的期望可能会在毕业后带来巨大的心理落差，影响职业发展的信心。

（四）忽视职业市场需求

有些大学生在进行职业生涯规划时，只考虑自己的兴趣和理想，而忽视了职业市场的需求。他们可能选择了一个小众的专业或职业方向，毕业后发现就业机会很少，竞争非常激烈。因此，大学生在规划职业生涯时，应该充分了解职业市场的需求和趋势，选择有发展前景的职业方向。

（五）缺乏行动力

制订职业生涯规划后，很多大学生缺乏行动力，没有积极采取措施去实现自己的目标。他们可能只是停留在计划阶段，没有参加实习、培训、考证等活动来提升自己的竞争力；或者在面对困难和挫折时，轻易放弃自己的规划，缺乏坚持和毅力。

（六）不重视人际关系的建立

大学生在职业生涯规划中往往只关注自身的能力提升，而忽视了人际关系的建立。然而，在现实职场中，人际关系对职业发展起着重要的作用。良好的人际关系可以帮助你获得更多的机会、信息和支持。因此，大学生应该在大学期间积极参加社团活动、实习等，拓展自己的人际关系网络。

案例1-4

没有职业方向的烦恼

生物学专业毕业的小张是一个有三年多工作经验的女生，先后在某外企和某餐饮企业做总经理助理和客户对接工作，现在的她却满脸疲惫和郁闷。她说："我已经失业四个月了，真烦人。四年前，我大学毕业，学的是生物专业，但我不喜欢，更不想以此为职业。我英语很好，多年的学校社团工作经验让我具备了很强的沟通、交际能力。毕业后，我顺利通过三轮面试，成为一家外企的总经理助理，工资水平属于同学中的佼佼者，大家都很羡慕我，但只有我自己知道我的工作很无聊。每天都有处理不完的琐事，感觉自己根本不会有什么出路，更不会学到新东西。"于是，在一年合同期满的时候，小张毅然离开了那里。不久，小张在求职网上看到一家刚刚进入中国的跨国餐饮集团在招聘工作人员，觉得很新鲜，就去试试，结果被安排到门市部工作，直接接触客户，这个工作小张一干就是两年多。

可是，小张逐渐发现，由于接触的客户大多层次不高，让她觉得自己的档次也下降了不少。况且，这个企业人际关系复杂，自己没有背景，要想升职几乎是不可能的。在仔细考虑了一段时间后，小张以为她绝对能找到更好的机会，于是，她又一次坚决地辞职了。她给自己放了三个月的长假以调整好心态和身体，然后继续寻找新的工作。

然而，四个月过去了，她邮寄的简历超过了70份，也在各大网站上发了求职信，甚至不提工资，不问待遇。然而让她意想不到的是，她只得到了几个回复，并在简单的一轮、二轮面试之后，就没有了下文。

小张很苦恼，她说："我也知道自己没有什么显赫的学历和职业背景，我也不希望自己马上成为高薪一族，但我就是不明白，以我现在的情况，以我这几年还算丰富的经验，我怎么就找不到一个普通的工作呢？"

案例1-5

在探索中迷茫

刘某是上海某高等职业院校文秘专业的毕业生，毕业后先后找了5份工作。他的第一份工作是一家商场的推销员，负责洗衣机的销售，一直以来生意还不错，但是随着时间的流逝，他越来越发觉他的工作很无趣。于是两年后，他毅然选择了离开。

他的第二份工作是在一家生产陶瓷杯的工厂做促销员，由于是好朋友介绍进来的，刚开始他还表现得比较积极。因为每天都要按照同样的工作程序重复同样的劳动过程，他很快又进入了无聊的状态，工作开始变得不积极，没过五个月，他又辞职了。

接下来的工作，则是某酒店的前台服务人员。工资收入还算不错，主要负责为入住酒店的顾客办理飞机票、火车票的预订工作。但是没过三个月他就因为和顾客发生纠纷而被解雇。

被辞退以后的他做了某学校的后勤工作人员，专门负责管理某栋学生公寓的日常事务，如进入人员的登记、发放报纸等。可是，渐渐地，他觉得这样的工作适合女性来做，自己还是应该从事有挑战性的工作，于是他再一次辞职了。

他现在的工作是一家鲜花公司的推销人员，按照刘某自己的话来说，还是没有什么挑战性。"鲜花对我很有吸引力，但是销售鲜花很无趣。"他表示，自己很想找一份工作，但他不知道自己究竟能干什么、适合干什么。目前，他打算去某大学成教学院读书，但至于读什么专业、对自己读书是否有所收获以及读书对就业的好处有哪些，他并不十分清楚。

专题实训

实践目标

通过专题实训，运用已学过的知识，理解生涯的概念，运用职业规划的基本理论，掌握进行职业规划常用的方法，思考自己的职业方向。

实训步骤

1. 活动内容

回顾你过往发生的重大事件，想象你期待的未来职业生涯，画出自己的生涯彩虹图，写出你未来的理想工作形态与生活方式。

2. 活动小结

与课前思考进行对比，对照现实的饼图和理想的饼图，看看有什么因素妨碍了你的理想实现，或者你准备做什么以便让你的理想尽可能实现。

实训过程

步骤一　绘画我的生命线

1. 出生、死亡时间及年龄

请你在鱼头起点写上出生日期或0岁，根据自己的健康状况、家族的健康和你所生活地域的平均寿命来预测自己和这个世界说再见的日期及年龄，并标注在鱼尾上。

2. 当下时间与年龄

请在下图的生命鱼骨上标出你现在的年龄段，找出当下你的位置，用一个自己喜欢的标记标明在生命线上，写上今天的日期和年龄。

3. 过往重大影响事件

请你进一步仔细回忆过去，以生命线上的时间为初始点，标出过去对你影响最大或令你最难忘的5件事以及对应的时间点，用鱼刺表示。积极影响事件鱼刺朝上，消极影响事件鱼刺朝下；并以鱼刺的线段的长短表示事件对自己影响的大小。

4. 未来目标事件与可能遇到的困难

现在请你在生命线上标出今后你最想做的3件事或最想实现的3个目标，能够由自己全权决定的鱼刺朝上，需要别人参与或者全部由别人定夺的鱼刺朝下，并以鱼刺的线段长短表示意愿的强弱。

5. 请参考鱼骨图，深入思考，并回答下面的问题。

（1）过去的事情对你有怎样的影响？你对这些事情的看法怎样？

（2）对于现在的自己，你是否感到满意？哪些人或事影响了现在的你？

（3）对未来的自己，你的预期是什么？如果想要成为这样的人，你现在需要做什么？

步骤二　我的身份拼图

生涯是由生命中各个不同的角色组合而成，在你的生命岁月里，你是否曾想过自己曾经扮演过哪些角色呢？其中，可能有的角色是你所喜爱的，也有些是你所不喜欢的，这些不同的角色可曾影响着你的过去、现在与未来呢？让我们一一将它们写下来，并想想看，它们对你的影响是什么？

（1）我曾经拥有过的身份有哪些？

（2）我目前所具有的身份有哪些？

（3）我最喜欢的身份是什么，为什么？

（4）我最不喜欢的身份是什么，为什么？

（5）如果没有这个身份，好处是什么，坏处是什么？

（6）我最想拥有的身份是什么，为什么？

（7）通过以上的问题，你有什么心得与发现吗？

步骤三　现在我要做的事

（1）请闭上眼睛想一想，目前，有哪些事情是你关心的、困扰你的，或者你想要做的。例如："如何与寝室同学相处""未来的职业方向是什么""如何提高英语口语能力""如何提升自信心""如何了解专业""如何安排自己的休闲生活"等，尽量写下每一件你所能想到的事情。

（2）按1～10打分，最不满意的为1分，最满意的为10分，请你为目前自己在某方面达到的满意程度打分，并试写一下可以做的一个改变。

目前关心的、想要做的事情	当下的分值	本学期能够达到的理想分值	本周拟采取的行动，完成时请画✓

专题二
自我发现之旅

学习目标

1. 了解职业兴趣、性格、价值观及能力的相关概念和理论。
2. 了解职业兴趣、性格、价值观及能力对职业的影响。
3. 能够结合自我的兴趣、性格、价值观及能力思考职业规划。
4. 引导学生理解职业不仅仅是获取经济收入的手段,更是实现个人价值的方式。
5. 树立积极向上,符合社会主义核心价值观的职业观。

课前案例

小梦该何去何从

小梦毕业于某大学的英语专业，本科学历。当问起当初怎么会选择英语专业，小梦说，自己从小到大的时间都投入在学习上，没有什么兴趣爱好，不知道自己喜欢什么，周围人都说女孩子学习文科类专业更合适，思来想去，觉得自己并不排斥英语学科，就填报了英语专业。大学期间，认识了来自五湖四海的同学，参加了校园活动，逐渐意识到自己是一个性格外向、喜欢社交的人，对于英语专业枯燥的背诵、朗读和练习实在是提不起兴趣。曾经想过转专业，奈何专业成绩一般，不具备资格。

就这样浑浑噩噩地毕业了，通过亲戚的帮助，小梦进入了一家企业做人事专员，主要负责办理员工的社保、入职培训等工作。企业的待遇、工作环境都还不错，可是同龄人少、工作琐碎、人情往来多、规矩也多，这些都让小梦觉得很压抑。小梦说自己常常觉得在办公室透不过气，望着窗外的蓝天，觉得自己是被关在笼子里的小鸟，无意义地消耗着自己的生命。

"到底什么工作适合我呢？"小梦在心里默默地问着自己……

案例思考

1. 你觉得小梦工作中的烦恼有解决方案吗？
2. 从你的角度来看，小梦的职业选择问题出在哪里呢？

课前自我思考

在正式开始这个篇章的学习前，请你思考一下以下问题。

1. 你现在所学的专业是什么，你是怎么想到要选择这个专业的？

2. 你对未来的职业想象是什么，请写下来，越具体越好。

3. 你觉得你现在所学的专业可以满足未来的职业需求吗，请把你的想法写下来。

4. 如果从你的兴趣、性格、能力、价值观出发，你可能会选择什么工作，请写下来。

每一个成年人从投身工作到退休，至少需要工作40年甚至更久。在如此漫长的职业生涯进程中，怎样规避盲目、低效以及苦闷的工作状态，精准地在工作中找准自身的定位，提升自己的社会价值，进而让生活美满幸福，这是每一位职场人士都必须审慎思索的关键问题。对于大学生或者初入职场的新人而言，如何在大学期间提前谋划、前瞻性地规划并管理自己的职业生涯，将对其未来产生深远的影响。

单元一 ┃ 发现自我的职业兴趣

"兴趣是最好的老师""学之者不如好之者,好之者不如乐之者",人的兴趣在生活中起着重要的引领和驱动作用。如果我们的职业能够与兴趣相契合,会对职业发展产生积极的影响和作用。当我们能够从事自己喜欢的工作时,热情会自然地迸发出来。

一、兴趣与职业兴趣

兴趣是指个人对特定的活动、事物、领域或主题所产生的积极关注和喜好的情感倾向。

兴趣通常源于内心的某种吸引力或好奇心,驱使着人们自愿投入时间和精力去探索、了解和参与相关的活动。它可以是对艺术、音乐、文学、科学、体育、技术等各种领域的偏爱。兴趣不仅仅是一时的喜好,而是一种较为持久和稳定的心理状态。当人们从事与自己兴趣相关的活动时,往往会感到愉悦、满足和充满热情,甚至能够忘记时间和疲劳。

职业兴趣指的是个人对某种职业或职业活动所表现出的积极的心理倾向。它反映了一个人对特定职业领域的喜好、关注和向往,这种倾向会促使个体更愿意投入时间和精力去了解、学习和从事相关职业。

职业兴趣并非仅仅是对某个工作表面的好奇,而是包含了对职业的内容、工作方式、职业环境、发展前景等多方面因素的综合偏好。比如,有人对医学领域有职业兴趣,可能是因为喜欢救死扶伤的成就感、对人体奥秘的探索欲望,或者是被医生的职业形象和社会价值所吸引。

职业兴趣对于个人的职业选择和职业发展有着重要的影响。当一个人的职业与自身兴趣相匹配时,通常会更有工作热情和动力,更容易在工作中发挥出自己的优势,也更有可能在该领域取得较好的成绩和职业满足感。反之,如果职业与兴趣不符,可能会感到枯燥、压抑、缺乏积极性和创造力,影响职业发展的质量和稳定性。

兴趣和职业兴趣有以下一些区别。

(1)范围不同 兴趣的范围非常广泛,涵盖了生活的各个方面,包括但不限于休闲活动、爱好、学术领域等。而职业兴趣则更聚焦于与职业相关的领域和活动。

(2)目的不同 兴趣主要是为了个人的享受、放松和自我满足,其出发点更多是基于个人的内心喜好和情感需求。职业兴趣则更多地与个人的职业发展、经济收入以及社会地位等实际因素相关，旨在找到能实现个人职业目标和价值的方向。

（3）深度和专业性要求不同　一般的兴趣可能不需要深入的学习和专业的技能培养，更多是在业余时间进行的轻松探索。职业兴趣通常需要更深入的知识积累、技能训练和经验积累，以达到在职业领域中具备竞争力的水平。

（4）对个人生活的影响不同　兴趣极大地丰富了个人的业余时光，为生活增添了无限的乐趣。职业兴趣则直接关系到个人的职业选择、职业满意度和职业成就，对个人的经济状况和社会地位产生重要影响。

二、兴趣对职业的影响

（一）兴趣激发工作动力和热情

工作动力是推动我们积极投入工作、克服困难、追求卓越的内在力量。当我们的职业与兴趣相契合时，这种内在动力会源源不断地涌现。兴趣就像内心的一团火焰，点燃了我们对工作的热情。例如，如果一个人对历史有着浓厚的兴趣，并且从事了历史研究或教学的工作，那么每次探索历史事件的真相、解读古老的文献、与学生分享历史的魅力，对他来说都不是一种负担，而是一种享受。这种由兴趣激发的动力会让他主动地投入更多的时间和精力，深入研究历史的各个方面，不断追求更高的学术水平和教学质量。相反，如果一个人对历史毫无兴趣，却被迫从事相关工作，他可能会感到枯燥乏味，仅仅是为了完成任务而工作，缺乏主动探索和深入研究的积极性。

（二）兴趣提升职业满意度和幸福感

职业满意度是我们对自己所从事工作的综合评价，而幸福感则是一种内心深处的愉悦感和满足感。当我们能够将兴趣转化为职业时，每天的工作都成为实现自我价值和满足内心渴望的途径。我们会因为能够从事自己热爱的事情而感到无比幸运和满足。相比之下，如果一个人的职业与兴趣毫无关联，他可能会在工作中感到压抑和失落，难以从工作中获得真正的满足和幸福。

（三）兴趣提升职业稳定性

职业稳定性对于个人的职业发展和生活规划都具有重要意义。当我们从事自己感兴趣的职业时，我们更愿意长期坚守在这个领域，因为兴趣给予了我们克服困难和应对挑战的耐心和毅力。即使在工作中遇到挫折或困难，兴趣也会支撑我们坚持下去，寻找解决问题的方法。相反，如果一个人的职业选择仅仅是基于外在的因素，如收入或社会地位，而不是真正的兴趣，那么一旦遇到困难或者更好的机会，他可能会更容易放弃当前的职业，导致职业的频繁变动。

（四）兴趣促进技能的提升和完善

兴趣在学习和发展方面发挥着强大的驱动作用。当我们对某个领域感兴趣时，我们会主动地寻求知识、提升技能，并且乐于接受新的挑战。因为我们渴望更深入地了解和掌握与兴趣相关的内容。如果一个人对所从事的工作没有兴趣，他可能会对学习新知识和提升技能感到抵触，仅仅满足于完成基本的工作要求，从而限制了自己的职业发展。

（五）兴趣可以带来身心健康

身心健康是我们生活质量的重要保障。从事感兴趣的工作有助于减轻工作压力和焦虑，因为我们在做自己喜欢的事情时，会更容易进入一种专注和享受的状态，从而暂时忘却外界的烦恼。同时，工作中的成就感和满足感会提升我们的自信心和自尊，对我们的心理健康产生积极的影响。例如，一个热爱写作的人，在完成一篇满意的作品时，会感受到内心的宁静和喜悦。这种积极的情绪体验有助于缓解日常生活中的压力和紧张。

三、职业兴趣的分类

职业兴趣按照不同的角度有不同的分类方式。例如，根据职业兴趣的目标指向不同，可以分为直接兴趣和间接兴趣；根据职业兴趣的内容不同，可以分为物质兴趣和精神兴趣。目前，应用最广泛、影响最大的是霍兰德职业兴趣分类。

（一）霍兰德职业兴趣理论

在20世纪50年代，美国职业指导专家约翰·霍兰德（John Holland）基于对职业选择和个体人格特点之间关系的研究，提出了这一理论。当时，社会经济发展迅速，职业种类增多，人们对于如何选择适合自己的职业感到困惑。霍兰德希望通过他的理论，为人们的职业选择提供更科学、有效的指导。霍兰德将人的职业兴趣分为六种类型：现实型（Realistic，简称R）、研究型（Investigative，简称I）、艺术型（Artistic，简称A）、社会型（Social，简称S）、企业型（Enterprising，简称E）、传统型（Conventional，简称C）。同一职业团体内的人有相似的人格特质，从而形成特定的职业氛围，也就是职业环境。因此，工作类型也可以分为六种，其名称与兴趣类型的分类一致。职业兴趣类型和职业环境之间的适配可增加个人的工作满意度、职业稳定性和职业成就感。

（二）霍兰德职业兴趣的类型

霍兰德将人的职业兴趣分为六种类型（表2-1）。

表2-1 霍兰德职业兴趣的类型

类型	喜欢的活动	重视	职业环境要求	典型职业
现实型（R）	用手、工具、机器来制造或修理东西。愿意从事有实物性的工作、体力活动，喜欢户外活动或操作机器，而不喜欢在办公室工作	具体实际的事物，诚实，有常识	使用手工或机械技能对物体、工具、机器、动物等进行操作，与"事物"工作的能力比与"人"打交道的能力更为重要	园艺师、木匠、汽车修理工、工程师、军官、兽医、足球教练员、厨师
研究型（I）	喜欢探索和理解事物，学习研究那些需要分析、思考的抽象问题，喜欢阅读和讨论有关科学性的论题，喜欢独立工作，对未知问题的挑战充满兴趣	知识，学习，成就，独立	分析研究问题、运用复杂和抽象的思考创造性地解决问题的能力，谨慎缜密，能运用智慧独立地工作，一定的写作能力	实验室工作人员、生物学家、化学家、心理学家、工程设计师、大学教授
艺术型（A）	喜欢自我表达，喜欢文学、音乐、艺术和表演等具有创造性、变化性的工作，重视作品的原创性和创意	有创意的想法，自我表达，自由，美	创造力，对情感的表现能力，以非传统的方式来表现自己；相当自由、开放	作家、编辑、音乐家、摄影师、厨师、漫画家、导演、室内装潢设计师
社会型（S）	喜欢与人合作，热情关心他人的幸福，愿意帮助别人成长或解决困难、为他人提供服务	服务社会与他人，公正，理解，平等，理想	人际交往能力，教导、医治、帮助他人等方面的技能，对他人表现出精神上的关爱，愿意担负社会责任	教师、社会工作者、牧师、心理咨询师、护士
企业型（E）	喜欢领导和影响别人，通过领导、劝说他人或推销自己的观念、产品而达到个人或组织的目标，希望成就一番事业	经济和社会地位上的成功，忠诚，冒险精神，责任	说服他人或支配他人的能力，敢于承担风险，目标导向	律师、政治运动领袖、营销商、市场部经理、电视制片人、保险代理
传统型（C）	喜欢固定的、有秩序的工作或活动，希望确切地知道工作的要求和标准，愿意在一个大的机构中处于从属地位，对文字、数据和事物进行细致有序的系统处理以达到特定的标准	准确，有条理，节俭，盈利	文书技巧，组织能力，听取并遵从指示的能力，能够按时完成工作并达到严格的标准，有组织有计划	文字编辑、会计师、银行家、簿记员、办事员、税务员和计算机操作员

1. 现实型（R）

这类人动手能力强，喜欢使用工具、机器，从事实际操作类工作，如工程师、机械师、农民等。

2. 研究型（I）

这类人善于思考、研究，喜欢探索未知，解决复杂问题。适合从事科学研究、数据分析等工作，如科学家、研究员等。

3. 艺术型（A）

这类人富有创造力和想象力，追求自我表达，适合从事艺术、文学、音乐等创作性工作，如艺术家、作家、音乐家等。

4. 社会型（S）

这类人喜欢与人交往，善于沟通，乐于帮助他人，适合从事教育、咨询、服务等工作，如教师、心理咨询师、社工等。

5. 企业型（E）

这类人具有领导才能，有冒险精神，追求权力和经济成就，倾向于从事管理、销售、创业等工作，如企业经理、销售人员等。

6. 传统型（C）

这类人喜欢按计划办事，注重细节，做事有条理，适合从事秘书、会计、档案管理等常规性工作。

四、兴趣对职业影响的局限性及应对方案

（一）兴趣对职业影响的局限性

兴趣对职业的影响虽然具有诸多积极方面，但也存在一定的局限性，主要体现在以下几个方面。

1. 兴趣的多变性

人的兴趣可能会随着时间、经历和环境的变化而改变。在职业发展的初期基于当时的兴趣选择的职业，可能在后续兴趣发生转变时，让人感到不再满足或失去动力。

2. 现实条件的制约

尽管对某个领域有兴趣，但可能由于教育背景、经济状况、家庭责任等现实因素的限制，无法顺利进入相关职业领域，或者难以在该领域取得理想的发展。

3. 对困难的低估

仅仅基于兴趣选择职业，可能会低估工作中实际面临的困难和挑战。当遇到超出预期的压力和挫折时，兴趣可能不足以支撑克服这些问题。

4. 单一兴趣的局限性

如果仅依赖单一的兴趣来选择职业，可能会忽略自身多方面的能力和潜力，限制了职业发展的多样性和灵活性。

5. 兴趣与市场需求的不匹配

某些兴趣所对应的职业可能市场需求较小，就业机会有限，导致在职业发展中面临

较大的竞争压力和不稳定性。

（二）兴趣对职业影响的应对方案

要在兴趣和现实条件之间找到平衡，可以考虑以下几个方法。

1. 全面自我评估

深入了解自己的兴趣、优势、劣势、价值观以及技能水平。这有助于明确自己真正热爱的事物，以及在现实中能够凭借自身条件实现的程度。

2. 研究市场需求

对感兴趣的领域进行充分的市场调研，了解其就业前景、薪资水平、发展趋势等。这样可以评估该兴趣在现实中转化为职业的可行性和潜力。

3. 设定阶段性目标

将长期的职业规划分解为短期和中期的阶段性目标。在每个阶段，根据现实条件逐步向兴趣靠拢，既能保证现实生活的稳定，又能逐步实现与兴趣相关的职业发展。

4. 提升自身能力

如果现实条件暂时不允许直接从事感兴趣的职业，可以通过学习新的技能，获取相关技能证书或学位等方式，增强自己在该领域的竞争力，为未来的职业转变做好准备。

5. 拓展职业选择

寻找那些既能结合兴趣元素，又能满足现实需求的职业。例如，如果对艺术有兴趣但纯艺术工作就业困难，可以考虑从事与艺术相关的设计、营销或教育工作。

6. 建立人际关系网络

与在感兴趣领域工作的人建立联系，向他们请教经验，了解他们是如何在兴趣和现实之间取得平衡的，或许还能获得一些内部的信息和机会。

7. 保持灵活性和开放心态

不要过于固执地坚持一种职业路径，当现实情况发生变化时，愿意调整自己的兴趣方向或职业规划，以适应新的形势。

8. 制订应急预案

在追求兴趣职业的过程中，可能会遇到经济困难或其他风险，提前制订应对预案，如储备一定的资金或寻找兼职工作，以应对可能出现的不利情况。

案例2-1

兴趣引领的职业之路

林某出生在一个充满艺术氛围的家庭，父母都是音乐爱好者，经常在家中播放各种优美的音乐，在这样的环境熏陶下，林某从小就对艺术表现出浓厚的兴趣，特别对绘画情有独钟。她喜欢用彩色铅笔描绘出自己心中的世界，无论是美丽的花朵、可爱的小动物还是奇幻的梦境，都能在她的画笔下生动地呈现出来。

在学校里，林某的绘画天赋也逐渐显现出来。她的美术作品经常被老师展示在教室里，同学们也对她的画作赞不绝口。然而，在传统的教育体系中，文化课程占据了主导地位，林某的绘画兴趣并没有得到充分的发展。

随着年龄的增长，林某开始更加深入地探索自己的绘画兴趣。她利用课余时间参加各种美术培训班，学习不同的绘画技巧和风格。在这个过程中，她接触到了油画、水彩画、素描等多种绘画形式，并逐渐找到了适合自己的领域——插画。

林某发现插画可以将自己的想象力和创造力充分发挥出来，同时也能够传达出各种情感和故事。她开始尝试为自己喜欢的书籍绘制插画，并且在社交媒体上分享自己的作品。没想到，她的插画受到了很多人的喜爱和关注，这让她更加坚定了自己走绘画之路的决心。

大学期间，林某选择了美术专业，系统地学习了绘画理论和技巧。在大学的四年里，她不断地参加各种美术比赛和展览，积累了丰富的经验和人脉。毕业后，林某面临着职业选择的困惑。她知道自己热爱绘画，但不确定如何将这份兴趣转化为职业。

经过一番思考和探索，林某决定成为一名自由插画师。她开始在各大设计平台上发布自己的作品，接受客户的委托，为图书、杂志、广告等绘制插画。虽然一开始的收入并不稳定，但林某并没有放弃。她不断地提高自己的绘画水平，拓展自己的业务范围，逐渐赢得了客户的信任和好评。

随着业务的不断发展，林某的作品开始受到更多人的关注。一些知名的出版社和品牌方纷纷邀请她合作，为他们的产品绘制插画。林某的职业之路也越走越宽，她不仅实现了自己的绘画梦想，还为社会创造了价值。

如今，林某已经成为一名备受瞩目的插画师。她的作品被广泛应用于各种领域，受到了众多读者和消费者的喜爱。然而，林某并没有满足于现状，她知道自己的职业之路还很长。

在未来，林某希望能够继续探索不同的绘画风格和形式，为读者带来更多优秀的作品。她也希望能够通过自己的努力，推动插画艺术的发展，让更多的人了解和喜爱插画。同时，林某还计划举办自己的个人画展，将自己的作品展示给更多的人，分享自己的绘画故事和心得。

单元二 ❘ 发现自我的性格特点

许多企业在选拔人才时会安排性格测试的环节，这是因为，虽然性格没有优劣之分，但性格类型与职业需要的匹配程度对职业的成败有着重要的影响。因此，在进行职业生涯规划时，我们要对自己的性格特征有初步的了解。

一、性格与职业

（一）性格的含义

性格是指一个人在对人、对事的态度和行为方式上所表现出来的心理特点。它涵盖了诸多方面，包括个体的情绪反应、认知方式、意志品质、价值观以及行为习惯等。性格具有稳定性，即在一定时间内相对固定，但也并非一成不变，会受到生活经历、环境变化等因素的影响而发生一定程度的改变。

性格可以影响一个人的思维模式、决策方式、人际关系处理以及应对各种生活情境的能力。它是个体在长期的生活实践中逐渐形成的，是个人区别于他人的重要心理标志。

（二）性格对职业的影响

性格对职业有着多方面的重要影响，主要体现在以下几个方面。

1. 职业选择

不同性格的人往往会被不同类型的职业所吸引。例如，性格外向、善于与人沟通的人可能更倾向于选择销售、公关、市场营销等需要频繁与人打交道的职业；而性格内向、喜欢独立思考和钻研的人可能会更倾向于科研、编程、写作等相对独立和需要深度思考的工作。

2. 工作满意度

如果一个人的性格与所从事的职业相匹配，那么他们更有可能在工作中获得满足感和成就感。反之，如果性格与职业不符，可能会感到压抑、疲惫和不满，从而影响工作积极性和职业发展。

3. 职业适应能力

性格乐观、坚韧的人在面对职业中的困难和挑战时，往往能够更积极地应对，更快地适应新环境和新任务；而性格敏感、脆弱的人可能在应对压力时会较为吃力。

了解自己的性格特点，并选择与之相适应的职业，能够提高职业满意度和成功率，实现个人的职业目标和人生价值。然而，需要注意的是，虽然性格对职业发展有重要影响，但它并不是唯一的决定因素。通过后天的学习、培训和自我调整，人们可以在一定程度上适应不同的职业要求，拓展自己的职业发展道路。

案例2-2

师徒四人：性格与使命的完美融合

《西游记》是我国四大名著之一。在这部经典之作中，师徒四人各具鲜明的性格特点和明确的分工。

唐僧慈悲善良，意志坚定，严守戒律，虽有时显得迂腐顽固，但他始终怀揣着对佛法的虔诚和取经的坚定信念，宛如一盏明灯，引领着整个团队前行的方向。他的这份执着是取经之路得以持续的精神支柱。

孙悟空聪明机智、勇敢无畏，骨子里透着叛逆反抗的精神，却又忠诚正义。他凭借着高强的本领和非凡的智慧，在降妖除魔的道路上一马当先，是团队中当之无愧的核心战斗力，无数次在危急关头挺身而出，凭借着果敢和英勇化解重重危机。

猪八戒贪吃懒做、贪财好色，然而他的憨厚单纯和幽默风趣又为漫长艰辛的取经之路增添了许多轻松欢快的时刻。在战斗中，他也会协助孙悟空，贡献自己的一份力量。

沙僧忠厚老实、任劳任怨，忠心耿耿地默默付出。他主要负责挑担行李，精心照顾唐僧的生活起居，如同团队中坚实可靠的后勤保障，为大家解决了诸多后顾之忧。

正是这师徒四人性格上的差异互补，以及各自明确且相互配合的分工，使得他们在充满艰难险阻的取经途中，能够齐心协力，历经九九八十一难，最终成功取得真经。

二、性格理论

一般来说，性格是指个人在先天生理素质基础上，在社会实践活动和不同环境熏陶下逐渐形成的、相对现实稳定的心理特征。目前，学者们提出了不同的和性格有关的理论，这些理论构成了探索自我性格类型的基础。

（一）体液说

在古希腊时期，希波克拉底提出，人体中有四种不同的体液：血液、黏液、黄胆汁和黑胆汁。这些体液在人体内的比例决定了一个人的气质类型，分为以下四种。

1. 多血质

多血质又称"活泼型",血液占优势。这类人通常充满活力,乐观开朗,善于交际,适应能力强。他们思维敏捷,对各种事物都表现出浓厚的兴趣,但可能缺乏耐心和毅力,注意力容易分散。比如,在社交场合中,多血质的人能够迅速与他人建立联系,成为活跃气氛的核心人物。

2. 黏液质

黏液质又称"安静型",黏液占优势。其特点是安静、沉稳、做事有条不紊,情绪稳定,善于忍耐。他们思考问题较为全面,行动较为迟缓,在面对压力和变化时能够保持冷静和镇定。黏液质的人在工作中可能表现出极高的可靠性和持久性,但可能缺乏灵活性和创新精神。

3. 胆汁质

胆汁质又称"不可遏止型",黄胆汁占优势。胆汁质的人热情直率、精力旺盛、行动敏捷、勇敢果断。但他们的脾气较为急躁,容易冲动,情绪变化剧烈。例如,在面对挑战时,胆汁质的人会毫不犹豫地冲在前面,但可能因为冲动而做出不够理智的决策。

4. 抑郁质

抑郁质又称"脆弱型",黑胆汁占优势。这类人往往敏感细腻、情感丰富、观察力敏锐,但也比较内向、多愁善感、孤僻胆小。他们对事物的感受深刻,富有想象力和创造力,但可能在社交中表现得较为拘谨,容易受到外界影响而产生情绪波动。

虽然后来的现代生理学研究表明气质的生理基础是人的高级神经活动,其类型与人的体液无关,但希波克拉底把人的气质分成四种基本类型比较符合实际,所以被许多学者所采纳并沿用至今。

(二)神经类型活动说

巴甫洛夫通过对动物和人的高级神经活动的研究,提出了高级神经活动的三个基本特性:强度、平衡性和灵活性。强度是指神经细胞能够接受刺激的强弱程度,以及神经细胞持久工作的能力。平衡性是指兴奋和抑制两种过程的力量是否均衡。灵活性是指兴奋和抑制两种过程相互转换的速度。

基于这三个特性的不同组合,形成了四种高级神经活动类型。

1. 强、平衡、灵活型(活泼型)

这种类型的人神经活动的兴奋和抑制过程都较强,且两者容易转换。在气质上相当于多血质,表现为活泼好动、反应迅速、适应能力强,能够灵活地应对各种情况。

2. 强、平衡、不灵活型(安静型)

兴奋和抑制过程都强,但转换不灵活。在气质上类似于黏液质,具有安静、沉着、稳重的特点，做事按部就班，有条不紊。

3. 强、不平衡型（兴奋型）

兴奋过程强于抑制过程。在气质上对应胆汁质，容易兴奋、冲动，情绪反应强烈而迅速。

4. 弱型（抑制型）

兴奋和抑制过程都较弱。在气质上与抑郁质相符，表现为胆小、敏感、孤僻，在较强的刺激下容易疲劳。

巴甫洛夫的理论为理解气质的生理基础提供了科学依据，有助于更深入地探讨气质与行为之间的关系。

（三）大五人格理论

20世纪30年代，人格理论的先驱奥尔波特和奥德伯特率先开始相关研究，他们从《韦氏新国际词典》中选出了"能够将个人与其他人的行为区分开来的词汇"共17953个，并将这些词分成4类，其中表示稳定人格的特质术语是4504个（主要是形容词和分词）。

美国心理学家卡特尔对奥尔波特抽取的4504个特质形容词和分词进行了深入研究。他通过形容词合并归纳为171个同义词组，然后根据聚类分析法将其合并为35个特质组群（被称为表面特质），再运用当时的因素分析技术得到12种"根源特质"。加上其他4种特质，构成了16种人格特质的结构。卡特尔在方法学方面强调定量的方法，将多元统计中的因素分析方法、聚类方法引入到性格特质研究当中，为后续研究提供了方法学的指导和分析资料的基础。

1949年，菲斯克（Fiske）分析了一组由卡特尔开发的22个变量，发现了5个因素，这些因素在自我评价、观察者评价和同伴评价的样本中重复出现。他给这些因素贴上的标签为：自信的自我表达（因素1）、社会适应性（因素2）、从众（因素3）、情绪控制（因素4）和智力（因素5）。其中有4个因素在今天仍被使用。

塔佩斯和克里斯塔（Tupes & Christal）在1961年对卡特尔的词表很感兴趣并重新分析，他们对卡特尔的12组样本中的8组样本重新用因素分析法进行再分析，结果发现了显著而稳定的5个因素，这就是大五人格特质的初步发现。

随后多年，在更大范围样本的研究中，大五人格因素不断被重复发现，逐渐成为西方心理学界公认的人格特质模型。其五个维度分别是开放性、责任心、外倾性、宜人性和神经质。

1. 开放性（Openness）

开放性高的人富有想象力、好奇心强，对新观念、新经验和新知识持开放态度。他们喜欢探索和尝试新事物，思维活跃。而开放性低的人则相对保守，更倾向于传统和熟悉的事物。

2. 责任心（Conscientiousness）

这一维度体现了个体的责任感、可靠性和自律性。责任心强的人做事有条理、认真负责、勤奋努力、守时守信。责任心弱的人可能较为随意、缺乏规划、自律性差。

3. 外倾性（Extraversion）

外倾性高的人善于社交、充满活力、自信乐观、喜欢与人交往和参与各种活动。外倾性低的人则较为内向、安静、含蓄，更享受独处和内心的思考。

4. 宜人性（Agreeableness）

反映个体在人际关系中的亲和、友善和合作程度。宜人性高的人善解人意、乐于助人、富有同情心、对他人信任。宜人性低的人可能更具竞争性、怀疑他人、相对冷漠。

5. 神经质（Neuroticism）

神经质也称为情绪不稳定性。神经质高的人情绪容易波动，焦虑、抑郁、愤怒等负面情绪较多。神经质低的人情绪相对稳定，能够较好地应对压力和挫折。

大五人格理论在心理学研究、职业咨询、人际关系等领域都有广泛的应用，有助于更全面、准确地描述和理解个体的人格特征。

（四）MBTI性格类型理论

荣格是瑞士著名的心理学家，他提出了心理类型理论，包括内倾和外倾两种态度类型，以及感觉、直觉、思维、情感四种功能类型。20世纪20年代，美国的凯瑟琳·布里格斯和伊莎贝尔·布里格斯母女对荣格的这一理论产生浓厚兴趣。母亲凯瑟琳希望将荣格的对立组分类法用于实践，以帮助进入劳动力市场的女性找到适合其性格的工作，母女俩最终做出了一份包含93个问题的问卷。如今，MBTI已经成为当今全球最为著名和权威的性格测试指标体系之一。

MBTI有四个维度，每个维度有两个对立倾向（表2-2）。

表2-2 MBTI的维度和倾向

维度	倾向
精力支配	外倾（E）：倾向于从与他人的互动和外部世界中获取能量，善于社交，乐于表达自己，喜欢参与各种活动，容易与他人建立关系。 内倾（I）：从自身内部获取能量，更享受独处和自我思考，在社交活动后需要时间独自恢复精力，更注重内心世界和自我反思
接受信息	感觉（S）：注重实际和具体的事实、细节，通过五官感知来获取信息，更关注当下的现实情况，做事注重实际和传统的方法。 直觉（N）：更关注可能性、未来和想象，善于捕捉抽象的概念和模式，依靠灵感和洞察力获取信息，富有创造力和想象力

续表

维度	倾向
判断事物	思考（T）：该类型的人在做决策时更倾向于基于逻辑和客观分析。他们注重公平和公正，会理性地权衡各种选择。例如，在解决问题时，会首先考虑原则和规则。 情感（F）：该类型的人则更多地基于个人价值观和情感来做决策。他们关心他人的感受，注重人际关系的和谐。比如，在处理冲突时，会更倾向于通过理解和妥协来解决
行动方式	判断（J）：该类型的人喜欢生活有条理、有计划，喜欢做出决策并按照计划行事。他们通常具有较强的组织能力和时间管理能力。例如，会提前规划好旅行的行程并严格按照计划执行。 感知（P）：该类型的人则更灵活、开放，乐于接受新的信息和变化。他们更倾向于保持选择的开放性，不太喜欢过早做出决定。比如，在旅行时可能会更随意，根据当时的心情和情况来决定行程

每个对立倾向进行组合，形成16种性格类型（表2-3）。

表2-3　16种性格类型

类型	内容
ISTJ（内倾感觉思维判断）	严肃、安静、负责任，做事有条不紊，注重实际和细节。例如，在工作中，该类型的人会认真遵循规章制度，确保任务准确无误地完成
ISFJ（内倾感觉情感判断）	忠诚、体贴、关心他人，注重细节并且有强烈的责任感。像护士、教师等需要关怀他人的职业，常常能看到该类型人的身影
INFJ（内倾直觉情感判断）	富有洞察力和理想主义，他们致力于实现自己的愿景，为他人带来积极的改变。例如，一些社会活动家可能就是该类型
INTJ（内倾直觉思维判断）	他们是具有战略眼光的思想家，善于规划和创新。在科研、策划等领域可能表现出色
ISTP（内倾感觉思维感知）	冷静、理性，善于分析问题和解决实际问题。机械师、工程师等职业可能吸引该类型的人
ISFP（内倾感觉情感感知）	温和、友善，具有艺术天赋和审美能力。在艺术、设计等领域能发挥特长
INFP（内倾直觉情感感知）	理想主义者，充满创造力和同情心。作家、心理咨询师等职业可能适合他们
INTP（内倾直觉思维感知）	逻辑思维强，善于思考抽象的概念和理论。在学术研究、软件开发等方面可能有出色表现
ESTP（外倾感觉思维感知）	善于交际，行动导向，适应能力强。在销售、市场营销等领域可能做得很好
ESFP（外倾感觉情感感知）	热情、乐观，喜欢成为关注的焦点。演员、主持人等职业可能适合该类型
ENFP（外倾直觉情感感知）	充满活力，富有创造力和想象力，善于激励他人。培训师、广告创意人员等可能是他们的选择
ENTP（外倾直觉思维感知）	聪明、机智，善于辩论和提出新的想法。企业家、发明家等角色可能与他们匹配
ESTJ（外倾感觉思维判断）	果断、实际，善于组织和管理。企业管理者、项目经理等职位可能常见该类型的人

续表

类型	内容
ESFJ（外倾感觉情感判断）	热心、友善，善于照顾他人，关注他人的需求。社区工作者、客户服务代表等工作可能适合他们
ENFJ（外倾直觉情感判断）	富有魅力，善于引导和激励团队。领导者、辅导员等职业可能是该类型的舞台
ENTJ（外倾直觉思维判断）	富有领导力、果断、有远见和战略思维。具有很强的组织和决策能力，能够迅速分析复杂的情况并制订有效的解决方案。在团队中，往往会扮演领导者的角色

案例2-3

性格成就翻译大家之路

傅雷，这位著名的作家与翻译家，其性格孤僻且刚正偏执，做事的条理之分明甚至到了令旁人难以忍受的程度。然而，这样的性格特质在人际交往中或许被视为缺陷，但当与他所从事的写作和翻译工作相结合时，却转化成了显著的优势。

傅雷性格中有着极端认真的一面，他行事有条不紊、专注负责，这种特质使他能够沉浸于写作与翻译的世界，心无旁骛地完成工作。同时，他刚直不阿的秉性，让他始终坚守自己的观点，绝不随波逐流，更不会向错误和颠倒黑白的思想妥协，这正是一位优秀学者所必备的珍贵品质。正如傅雷的内兄朱人秀所描述："傅雷性格刚直，看不入眼的事，就要直言；看不惯的人，就难以相处。或许正因如此，他后来选择闭门译书作为自己的职业。"

傅雷的代表译作包括巴尔扎克的《欧也妮·葛朗台》《高老头》，以及罗曼·罗兰的《约翰·克利斯朵夫》等。他的译文行文流畅自然、用词丰富多样、色彩变幻无穷且极具神韵，在翻译领域树立了卓越的典范，取得了令人瞩目的成就。从傅雷的经历不难看出，他将自身独特的性格特点融入所热爱的职业当中，充分发挥优势、规避劣势，最终在翻译和写作领域绽放出璀璨的光芒。

每个人的性格都独一无二，既有优势也有挑战，关键在于清晰地认知自己的性格特质，并探寻与之契合的职业道路或环境，从而充分施展自身的才华，实现个人的价值与成就。同时，通过持续地学习、自我提升，人们在一定程度上能够调整并适应不同的状况，为自身的职业生涯开辟更广阔的发展空间。但需明确的是，性格与职业的匹配并非绝对，个人的兴趣、能力以及不懈的努力等诸多因素，同样对职业发展起着至关重要的作用。而且，即便在看似不太匹配的情境中，凭借积极进取的态度和持之以恒的努力，仍有可能在某个领域收获斐然的成绩。

单元三　发现自我的独特能力

在求职的过程中，我们不可避免地要经历面试环节，这个环节面试官的考查重点是求职者的能力，一个人能否从事某个职业，能力是先决条件。发现、发展、展示能力是职业发展的助推器。

一、能力的含义

（一）什么是能力

能力是顺利实现某种活动的心理条件。从这个概念来看，能力是和活动紧密联系在一起的，离开了活动，能力就无法形成和表现。能力的产生和发展与社会生活密不可分，它是综合的心理条件，必须在社会活动中形成并且表现出来。

（二）能力和职业的关系

能力和职业之间存在着密切而复杂的关系。

1. 能力影响职业选择

个人所具备的能力决定了他们能够从事的职业范围。例如，具备较强语言表达和沟通能力的人，可能更倾向于选择销售、公关、教师等职业。拥有出色的逻辑思维和数学能力的人，往往会在金融、数据分析、科研等领域中找到合适的岗位。

2. 能力决定职业发展速度和高度

在职场中，能力强的人通常能够更快地适应工作环境，掌握工作技能，从而获得晋升机会。比如，具备优秀领导能力和团队管理能力的人，更容易晋升为管理层。具有创新能力和持续学习能力的人，能够在职业道路上不断突破，取得更高的成就。

3. 职业需求塑造能力发展

不同的职业对能力有特定的要求，这会促使从业者去培养和提升相应的能力。例如，从事软件开发工作，会促使从业者不断提升编程和问题解决的能力。为了在职业中保持竞争力，人们会根据职业的发展趋势和变化，主动去发展新的能力。

4. 能力不匹配导致职业困境

当个人能力无法满足职业要求时，可能会感到工作压力大、绩效不佳，甚至面临失业的风险。比如，一个不擅长与人打交道的人从事客户服务工作，可能会遇到诸多困难。反之，职业无法充分发挥个人的能力，可能会导致个人的职业满意度低，缺乏工作动力。

二、职业能力

（一）职业能力分类

美国的辛迪·梵和理查德·鲍尔斯把职业能力分成专业知识能力、可迁移能力和自我管理能力。这三种能力（表2-4）是针对职业的要求提出的。

1. 专业知识能力

专业知识能力是指与特定专业或学科领域相关的知识和技能。这些能力通常需要通过系统的学习、培训和实践积累获得。例如，医生需要具备医学专业知识，包括病理学、药理学、诊断学等，以及手术操作、疾病诊断等技能；工程师需要掌握相关工程学科的原理、设计方法和计算工具；会计需要熟悉财务法规、会计原则和财务报表的编制等。

2. 可迁移能力

可迁移能力是指可以在不同工作、不同情境中通用和转移运用的能力。这些能力不受特定职业或行业的限制，具有广泛的适用性。比如，沟通能力无论在销售、教育还是管理等领域都至关重要，能够清晰、准确地表达自己的想法并理解他人的观点；团队协作能力在各种团队项目中都必不可少，包括分工合作、协调冲突、共同追求目标等；解决问题的能力让一个人在面对各种复杂情况时，能够分析问题、提出解决方案并付诸实践。

3. 自我管理能力

自我管理能力是指个人在自我认知、情绪管理、时间管理、目标设定与执行、自我激励等方面所具备的能力。这些能力帮助个体有效地控制自己的行为、思维和情绪，以实现个人目标和提升个人效能。例如，自律性强的人能够抵制诱惑，坚持按照计划完成任务；具备良好情绪调节能力的人可以在面对压力和挫折时保持积极的心态，不被负面情绪所左右；善于时间管理的人能够合理分配时间，高效完成各项事务。

（二）职业能力的获得方式

1. 专业知识技能获得方式

（1）学习与提高　有以下四方面。

①系统学习：在学校或培训机构接受专业课程的教育，建立扎实的知识体系。

②持续进修：参加行业研讨会、进修课程，了解最新的技术和知识。

③实践操作：通过实验、实习、实际项目等方式，将理论知识应用于实践。

④阅读专业文献：关注行业权威期刊、论文，掌握前沿研究成果。

（2）获得途径　有以下四方面。

①正规教育：攻读相关专业的学位。

②职业培训：参加针对特定职业的培训课程。

③在线学习资源：利用网络平台上的专业课程进行学习。

④向专家请教：与行业内的专家交流，请教问题。

2. 可迁移技能获得方式

（1）学习与提高　有以下四方面。

①观察学习：向身边具有优秀可迁移技能的人学习，观察他们的沟通方式、解决问题的思路等。

②模拟练习：通过模拟实际场景进行练习，如模拟商务谈判、团队协作项目等。

③多参与团队活动：在团队中积极承担不同的角色，锻炼团队协作和沟通能力。

④学习案例分析：研究成功的案例，分析其中运用的可迁移技能。

（2）获得途径　有以下三方面。

①社团活动：参与学校或社区的社团组织，承担组织活动、协调成员等工作。

②实习和兼职：在不同的工作环境中积累经验。

③项目合作：参与跨部门或跨领域的项目，与不同背景的人合作。

3. 自我管理技能获得方式

（1）学习与提高　有以下四方面。

①阅读相关书籍：例如关于时间管理、情绪管理、自我认知的书籍，从中汲取理论知识和方法。

②参加培训课程：有专门针对自我管理技能的线下或线上课程。

③设定目标与计划：通过明确的目标设定，制订实现目标的步骤和计划，逐步培养自我管理能力。

④反思与总结：每天或每周对自己的行为和表现进行反思，总结经验教训。

（2）获得途径　有以下三方面。

①日常生活实践：从日常的小事做起，如按时起床、规律作息等，逐渐养成良好的习惯。

②工作经历：在完成工作任务的过程中，学会合理安排时间、应对压力和处理复杂的人际关系。

③自我挑战：主动参与具有一定难度的活动，锻炼自己的意志力和应变能力。

表2-4 能力分类与能力要项清单

能力分类	能力要项
专业知识能力	①数据分析：运用统计分析方法对收集来的大量数据进行分析 ②音乐赏析：音乐赏析能力是指个体对音乐作品进行聆听、理解、感受和评价的能力 ③图形设计：图形设计能力是将创意构思转化为视觉形象的能力 ④资产评估：运用科学的方法、遵循法定或公允的标准和程序，对各类资产（包括有形资产和无形资产）在特定时点的价值进行评定估算的能力 ⑤仓库管理：对仓库及其库存物资进行有效规划、组织、协调和控制的能力 ⑥会议组织：个人或团队具备的，能够有效规划和安排会议从筹备到结束全过程的一系列操作的能力 ⑦课程开发：设计、构建和优化课程体系的能力 ⑧金融风险管理：识别、评估和应对金融风险的知识体系的能力 ⑨财务分析：对财务数据和非财务信息的收集、整理和分析，评估企业财务状况、经营成果和现金流量，为决策提供支持的能力 ⑩机械制图：能够准确地使用各种制图标准和规范，将机械产品的形状、尺寸、精度、材料等信息通过二维图纸或三维模型进行表达的能力
可迁移能力	①沟通能力：包括书面和口头沟通，有效表达观点、倾听他人意见 ②团队协作能力：与团队成员合作，共同达成目标，处理团队中的冲突 ③领导力：引导和激励团队，做出决策，承担责任 ④问题解决能力：分析问题，提出解决方案并实施 ⑤决策能力：在复杂情况下做出明智的选择 ⑥时间管理能力：合理安排时间，确保任务按时完成 ⑦项目管理能力：规划、组织和监控项目的进展 ⑧创新能力：提出新的想法、方法和解决方案 ⑨适应能力：快速适应新环境、新任务和新变化 ⑩学习能力：快速吸收新知识和技能，不断提升自己 ⑪谈判能力：在协商中达成双方满意的结果 ⑫组织能力：有条不紊地安排和管理事务 ⑬信息收集与分析能力：收集相关信息并进行有效分析
自我管理能力	①自我认知：了解自己的优势、劣势、兴趣和价值观 ②情绪管理：控制和调节自己的情绪，保持积极心态 ③压力管理：应对工作和生活中的压力，保持身心健康 ④目标设定与规划：明确个人目标，并制订实现计划 ⑤自律：自我约束，遵守规则和承诺 ⑥自我激励：在没有外部激励的情况下保持动力 ⑦反思与成长：定期回顾自己的行为和表现，总结经验教训 ⑧专注力：集中注意力完成任务 ⑨优先级排序：区分任务的重要性和紧急性 ⑩自我推销：有效地展示自己的能力和成就 ⑪自我调整：根据反馈和变化调整自己的行为和策略 ⑫自我保护：在工作和生活中保护自己的利益和身心健康

三、能力识别

现在学者们已经开发出大量的心理测验用于测量与职业相关的能力。一些用人单位、专业咨询公司也尝试开发出高度专门化的能力倾向测验用来评估求职者是否与岗位需要匹配。作为求职者，识别自身的能力特点可以帮我们更好地规划职业。

（一）自我评估

列出自己过去的成就和经历，包括学习、工作、志愿活动等方面。思考在这些经历中，哪些任务完成得特别出色，哪些技能得到了充分运用。

（二）他人反馈

向家人、朋友、同事、老师等征求对你的评价和看法，了解他们认为你在哪些方面表现出色。

（三）实践探索

尝试参加不同类型的实习、兼职工作或志愿活动，亲身体验不同的工作环境和任务，从而发现自己擅长和喜欢的领域。参与项目式学习或团队合作活动，观察自己在其中承担的角色和发挥的作用。

（四）职业咨询

咨询专业的职业顾问或心理咨询师，他们可以通过专业的方法和工具帮助你挖掘潜在的职业能力。

（五）记录与反思

保持写日记或工作笔记的习惯，记录每天的工作内容和感受，定期回顾并分析自己在哪些方面表现突出。每次完成一个重要任务或项目后，进行总结反思，评估自己在其中所运用和展现的能力。

（六）技能清单

制作一个详细的技能清单，包括硬技能（如编程语言、办公软件操作等）和软技能（如沟通、团队协作、领导力等），然后逐一评估自己在每个技能上的熟练程度。

> **案例2-4**
>
> ### 用 STAR 原则发现自己的能力

STAR原则是Situation（情境）、Task（任务）、Action（行动）、Result（结果）的首字母缩写，是一种结构化的思考和表述方式，有助于清晰、有条理地阐述个人的经历和能力。以下是用STAR原则来发现自己职业能力的步骤。

情境：回顾自己过去的工作、学习或项目经历，明确当时的背景情况。例如：在大学期间参加了一个营销策划比赛；在实习公司负责一个新产品的推广项目；在社团组织了一场大型的公益活动等。

任务：描述在该情境中所承担的具体任务和目标。比如：在营销策划比赛中，需要为给定的产品制订全面的营销方案，以提高产品知名度和市场占有率；在新产品推广项目中，要在一个月内使产品在目标市场的销售额增长20%；在社团公益活动中，要组织志愿者，募集资金并完成特定的公益目标。

行动：详细说明为了完成任务所采取的行动和措施。这包括所运用的技能、方法和策略。例如：为了制订营销方案，进行了市场调研，分析了竞争对手，运用了社交媒体营销和线下活动推广的策略；为了实现新产品销售额的增长，与销售团队紧密合作，制订了个性化的销售话术，开展了促销活动；为了组织好公益活动，积极招募志愿者，制订了详细的活动流程，与合作方进行沟通协调等。

结果：阐述行动所带来的最终结果。可以用具体的数据、成果或反馈来展示。比如：营销策划方案使产品在比赛中获得了最佳营销创意奖；新产品推广项目超出预期，销售额增长了25%；公益活动成功募集到目标资金，获得了社会的广泛好评等。

通过对多个经历按照STAR原则进行梳理和分析，可以更清晰地发现自己在不同情境下所运用的能力，以及这些能力所带来的成果。下面用谷爱凌的例子来展示STAR法则的使用方法：

情境：2022年北京冬奥会自由式滑雪女子大跳台比赛现场，这是全球顶级的体育赛事，竞争激烈，备受关注。

任务：谷爱凌的任务是在比赛中展现出最佳状态，挑战高难度动作，争取获得金牌。

行动：谷爱凌在赛前进行了长期的艰苦训练，包括技术训练、体能训练和心理训练等，不断提升自己的实力。

在比赛中，她保持冷静和专注，发挥出自己的技术水平。

第一跳，她成功完成了难度系数较高的动作，取得了不错的分数。

关键的第三跳，面对竞争对手的出色表现和巨大压力，她毅然选择挑战自己从未在正式比赛中成功完成过的超高难度1620动作。

结果：谷爱凌成功完成了1620动作，获得了全场最高分，为中国代表团赢得了该项目的历史首金。她的出色表现不仅赢得了金牌，也赢得了观众的热烈掌声和赞誉，成为众多人心目中的体育明星。这一成绩也证明了她在自由式滑雪领域的卓越能力和强大实力。

这个例子中，谷爱凌在极具挑战性的情境下，明确自己的任务，通过勇敢地行动，最终取得了辉煌的成绩。她的坚持、专注、勇于挑战自我的精神在这个事件中得到了充分体现。

单元四 ｜ 发现自我的职业价值观

一、价值观与职业价值观

价值观是个人基于自身的思维感官而作出的认知、理解、判断或抉择，也就是人认定事物、辨定是非的一种思维或取向。它是一个人内心深处坚信的一系列道德、伦理、审美、社会和个人原则。

价值观决定了人们对生活中各种事物的重要性排序，影响着人们的行为、态度和决策。例如，有人认为诚实是最重要的价值观，那么在任何情况下都会努力保持诚实；有人将友善视为核心价值观，就会在与人交往中积极展现友善的态度。价值观可以来源于家庭、文化、教育、个人经历等多种因素，并且在人的一生中可能会发生变化和调整。

职业价值观是指人生目标和人生态度在职业选择方面的具体表现，也就是一个人对职业的认识和态度以及他对职业目标的追求和向往。

职业价值观反映了一个人对于职业中各种因素的重视程度和优先顺序。比如，有人将"自我实现"作为首要的职业价值观，那么他们会更倾向于选择能够充分发挥个人潜力、实现个人成长和成就的职业；有的人将"稳定性"放在职业价值观的重要位置，可能就会更偏好公务员、事业单位等相对稳定的工作。

二、职业价值观对职业的影响

职业生涯大师舒伯提出"职业价值观是指个人追求的与工作相关的目标，即个人在从事满足自己内在需求的活动时所追求的工作特质或属性"。从这个角度出发，职业价值观与个人的需求相关，对职业倾向产生影响。

（一）职业价值观影响职业选择

职业价值观在很大程度上塑造了我们对职业的初始偏好和最终抉择。每个人的价值观都是独特的，这使得我们在面对众多职业选择时，会依据内心的价值标准来衡量和筛选。

比如，对于将经济回报视为重要价值观的人来说，他们可能会优先考虑金融、投资等领域的工作，因为这些职业往往能够提供较高的薪资和物质回报。而对于追求社会影响力和公益价值的人，他们可能会投身于非营利组织、环保事业或教育行业，因为在这些领域工作能够为社会带来积极的改变，让他们感受到自己的工作具有深远的意义。

（二）职业价值观影响职业满意度

职业满意度是衡量一个人在工作中是否感到幸福和满足的重要指标，而职业价值观在其中发挥着关键作用。

假设一个人非常注重工作中的人际关系和团队合作，然而他所从事的工作却需要长时间独自面对计算机处理数据，缺乏与人交流的机会，那么他很可能会对这份工作感到不满。相反，如果一个人的职业能够充分满足他所珍视的价值观，比如能够给予他足够的自主决策权力，让他发挥创造力，或者提供丰富的学习和成长机会，那么他通常会对这份工作充满热情和满足感，即使工作中存在一些挑战和压力，也能够积极应对。

（三）职业价值观影响职业投入度

职业价值观与个人对工作的投入程度紧密相关。当一个人的职业与他的价值观高度契合时，他会自然而然地投入更多的精力和热情。

以一位将追求卓越品质作为核心价值观的工匠为例，他在从事手工制作的工作时，会对每一个细节精益求精，不惜花费大量的时间和精力来确保作品的完美。这种对工作的全身心投入不仅能够提高工作的质量和效率，还能够为个人带来极大的成就感和满足感。

（四）职业价值观影响职业稳定性

职业价值观与职业的匹配程度直接影响着一个人在某个岗位上的稳定性。当职业与个人价值观严重冲突时，人们很容易产生职业倦怠和焦虑情绪。

比如，一个追求自由和创新的人，如果被困在一个高度规范化、流程化且缺乏灵活性的工作环境中，他可能会感到压抑和束缚，从而频繁产生跳槽的想法。相反，如果一个人的职业价值观与工作环境和要求相一致，他会更容易适应工作中的各种变化和挑战，更愿意长期坚守在这个岗位上，为组织和个人的发展贡献力量。

职业价值观是我们职业道路上的指南针，它深刻地影响着我们从职业选择到职业发展的全过程。只有当我们充分了解自己的职业价值观，并努力寻找与之相匹配的职业机会，才能够在工作中实现自我价值，获得真正的职业成功和满足感。

> 💡 **小贴士**
>
> **职业价值观列表**
>
> 1. 成就感：这类价值观注重在工作中取得显著的成果和成就，通过完成具有挑战性的任务、实现目标来获得满足感。

2. 经济报酬：把获得丰厚的经济收入作为重要追求，认为高薪资、福利和物质回报是工作的主要动力。

3. 工作环境：重视工作场所的舒适度、安全性以及周边的氛围。

4. 社会地位：渴望通过职业获得较高的社会认可和尊重。

5. 职业稳定性：倾向于选择相对稳定、风险较小的职业，避免频繁的工作变动和不确定性。

6. 人际关系：注重与同事、上级和客户之间的良好关系，认为和谐的人际氛围能提高工作满意度。

7. 智力激发：希望工作能够不断激发自己的思维和创造力，提供学习新知识和技能的机会。

8. 利他主义：以帮助他人、为社会作出贡献为主要价值取向。

9. 独立自主：追求在工作中拥有较大的自主决策权和独立性，能够按照自己的方式和节奏开展工作。

10. 审美追求：重视工作中美的创造与欣赏。

11. 权力欲望：渴望在工作中拥有掌控和决策的权力，能够对他人和事务产生重要影响。

12. 多样性与变化：喜欢工作内容和环境具有丰富的多样性，不希望陷入单调重复的模式。

13. 冒险与挑战：热衷于接受高风险、具有巨大挑战性的工作任务，从克服困难中获得乐趣和满足。

14. 健康与休闲：将保持身心健康以及拥有充足的休闲时间视为重要价值，可能会选择工作强度相对较低、有更多休息机会的职业。

15. 道德与伦理：非常重视工作符合道德和伦理规范，不能接受违背良心的工作内容。

16. 团队合作：把与团队成员共同协作、达成目标作为工作的重要意义。

17. 创新与突破：热衷于在工作中推动创新，突破传统的思维和方法，为所在领域带来新的理念和变革。

18. 精准与细节：特别注重工作的准确性和对细节的把控，追求完美和零误差。

19. 传承与传统：认为传承和遵循传统的工作方式、技艺或文化具有重要价值，愿意投身于维护和发扬传统的职业领域。

20. 竞争意识：享受在工作中的竞争环境，通过超越对手来证明自己的能力和价值。

21. 心灵满足：追求工作能够带来内心的宁静和精神上的充实。
22. 行业声誉：看重所在行业的声誉和形象，希望从事具有良好口碑和社会评价的职业。
23. 地域偏好：将工作地点的选择作为重要价值考量，例如倾向于在家乡工作或者在特定的城市发展。
24. 文化契合：注重工作环境的文化与自身文化背景、理念的契合度。

三、澄清职业价值观

价值观澄清的七个步骤是一个相互关联、不断循环的过程，帮助我们清晰地认识、坚定地秉持和有效地践行自己的价值观，从而过上更加真实、有意义和满足的生活。

（一）选择

在这个步骤中，会面临各种各样的价值观选择。我们需要在众多的价值观中，根据自己的内心感受和直觉，挑选出那些自己认为对个人生活、职业发展以及社会交往具有重要意义的价值观。这个选择过程应该是自由的，不受他人影响的，完全基于自己的思考和判断。

（二）珍视

完成选择后，接下来要做的是深入理解并珍视我们所挑选的价值观。这意味着要清晰地认识到这些价值观对自己的重要性以及它们能够给生活带来的积极影响。比如，选择了"责任感"这一价值观，要意识到承担责任不仅能够得到他人的信任，还能让自己在面对任务和挑战时更加自信和坚定。珍视这种价值观，是因为我们明白它能塑造你的品格，提升自我价值感。

（三）行动

行动是将价值观从理念转化为实际行为的关键步骤。一旦确定了珍视的价值观，就要在日常生活中积极地通过具体的行动来体现它们。如果价值观是"勇敢"，那么当面对新的机会或者困难时，需要勇敢地迈出第一步，而不是退缩和逃避。行动不仅能够强化对价值观的坚守，还能够在实践中不断完善和深化对价值观的理解。

（四）重复

重复的过程是为了巩固和强化价值观。通过在不同的情境和时间多次重复选择、珍视和行动的循环，我们能够让这些价值观更加深入地融入思维和行为模式。每次重复都是一次新的体验和学习,可以更加熟练和自然地依据价值观作出决策和行动。例如,多次在面对冲突时选择以"和平"和"理解"的方式解决,逐渐地,这种处理方式就会成为你的习惯。

（五）公开

公开自己所珍视的价值观是一种对自己的承诺和监督。当向他人公开自己的价值观时,我们会感到一种来自外部的压力和动力,促使我们更加坚定地遵守和践行这些价值观。同时,公开也有助于与他人建立更深入、更真诚的关系,因为他们能够更清楚地了解你的原则和底线。比如,向同事公开自己注重"效率"和"质量",他们会在与你合作的过程中更理解你的工作方式和期望。

（六）自我践行

作为价值观的倡导者和践行者,自己的行为是最有说服力的。通过以身作则,不仅能够影响他人,还能够进一步增强自己对价值观的信念。如果价值观是"关爱他人",那么就要在自己的生活中主动关心身边的人,提供帮助和支持,用自己的行动展示这种价值观的力量。

（七）确认

最后,不断地回顾和确认你所选择的价值观是否仍然与你的内心需求和人生目标相一致。随着生活经历的丰富和个人的成长,价值观可能会发生一定的变化和调整。这是一个正常的过程,通过定期的确认,能够确保个人价值观始终能够引导其走向一个充实、有意义和符合内心期望的生活。例如,经过一段时间的职业发展,你可能会发现原来重视的"竞争"价值观不再那么重要,而"工作与生活的平衡"变得更加关键,这时就需要进行调整和确认。

专题实训

实践目标

当我们通过自我探索规划职业时,实践目标众多。首先要清晰自我认知,包括兴趣、性格、价值观、能力优劣势等,这有助于我们实现个人与职业的统一和契合,最终实现职业满意度。

通过专题实训,明确自我认知。

实训步骤

1. 活动内容

思考、探索个人职业兴趣、性格特点、职业价值观和能力特点。

2. 活动小结

与课前思考进行对比,谈谈看,自己原本设想的职业方向是否有所变化。

实训过程

步骤一 探索你的兴趣

1. 你所感兴趣的活动

下面列举了若干活动。这些活动没有好坏之分,你可以根据自己的实际情况选择是否喜欢这些活动。注意,这部分测验主要想确定你的职业兴趣,而不是让你选择工作,你喜欢某种活动并不意味着你一定要从事这种活动。答题时不必考虑过去是否做过或擅长这种活动,只根据你的兴趣直接判断即可。

R-现实型活动

提问:你喜欢下列活动吗?请根据自己的选择,在"是"或"否"的空格中画"√"。

问题	是	否
1. 装配修理电器或玩具		
2. 修理自行车		
3. 用木头做东西		
4. 驾驶汽车或摩托车		
5. 用机器做东西		
6. 参加木工技术学习班		
7. 参加制图学习班		
8. 驾驶车辆		
9. 参加机械和电气学习班		
10. 装配修理机器		

统计选择"是"的数量,作为最终得分,得分为:_____

I-研究型活动

提问：你喜欢下列活动吗？请根据自己的选择，在"是"或"否"的空格中画"√"。

问题	是	否
1. 读科技图书和杂志		
2. 在实验室工作		
3. 改善水果品种，培育新的品种		
4. 调查了解土和金属等物质的成分		
5. 研究自己选择的特殊问题		
6. 解算术或玩数学游戏		
7. 上物理课		
8. 上化学课		
9. 上几何课		
10. 上生物课		

统计选择"是"的数量，作为最终得分，得分为：_____

A-艺术型活动

提问：你喜欢下列活动吗？请根据自己的选择，在"是"或"否"的空格中画"√"。

问题	是	否
1. 素描、绘画		
2. 参加话剧、戏剧		
3. 设计家具或布置室内		
4. 练习乐器或参加乐队		
5. 欣赏音乐或戏剧		
6. 看小说		
7. 从事摄影创作		
8. 写诗或读诗		
9. 参加艺术类培训		
10. 练习书法		

统计选择"是"的数量，作为最终得分，得分为：_____

S-社会型活动

提问：你喜欢下列活动吗？请根据自己的选择，在"是"或"否"的空格中画"√"。

问题	是	否
1. 参加学校或单位组织的正式活动		
2. 参加某个社会团体或俱乐部的活动		
3. 帮助别人解决困难		
4. 照顾儿童		
5. 出席晚会、茶话会		
6. 和大家一起郊游		
7. 想获得关于心理学方面的知识		
8. 参加讲座或行业会议		
9. 观看体育比赛或运动会		
10. 结交新朋友		

统计选择"是"的数量,作为最终得分,得分为:_____

E-企业型活动

提问:你喜欢下列活动吗?请根据自己的选择,在"是"或"否"的空格中画"√"。

问题	是	否
1. 说服或鼓动他人		
2. 卖东西		
3. 谈论政治		
4. 制订计划、参加会议		
5. 以自己的意志影响别人的行为		
6. 在社会团体中担任职务		
7. 检查与评价别人的工作		
8. 结交社会名人		
9. 指导团体活动		
10. 参加社团活动		

统计选择"是"的数量,作为最终得分,得分为:_____

C-传统型活动

提问:你喜欢下列活动吗?请根据自己的选择,在"是"或"否"的空格中画"√"。

问题	是	否
1. 整理桌面和房间		
2. 抄写文件和信件		

续表

问题	是	否
3. 写报告或公务信函		
4. 检查个人收支情况		
5. 参加打字培训班		
6. 参加文秘事务培训		
7. 参加商业会计培训班		
8. 参加情报处理培训班		
9. 整理信件、报告、记录等		
10. 写商业贸易信		

统计选择"是"的数量，作为最终得分，得分为：_____

2. 你所擅长或胜任的活动

下面从6个方面分别列举若干活动，以确定你具备哪方面的工作特长。回答时，只需考虑你过去或现在对这些活动是否擅长、胜任。如果你从未从事过某一项活动，那就请考虑你将来是否会擅长从事该项活动。

R-现实型能力

提问：你擅长做或胜任做下列活动吗？请根据自己的选择，在"是"或"否"的空格中画"√"。

问题	是	否
1. 能使用电锯等木工工具		
2. 知道万用表的使用方法		
3. 能够修理自行车或其他机械		
4. 能够使用钻床或者缝纫机		
5. 能给家具和木制品刷漆		
6. 能看建筑设计图		
7. 能够修理简单的电气用品		
8. 能修理家具		
9. 能修理计算机		
10. 能简单修理水管		

统计选择"是"的数量，作为最终得分，得分为：_____

I-研究型能力

提问：你擅长做或胜任做下列活动吗？请根据自己的选择，在"是"或"否"的空格中画"√"。

问题	是	否
1. 懂得真空管或晶体管的作用		
2. 能够列举3种蛋白质含量多的食品		
3. 理解铀的裂变		
4. 能使用计算尺、计算器、对数表		
5. 能使用显微镜		
6. 能找到3个星座		
7. 能独立进行调查研究		
8. 能解释简单的化学		
9. 理解人造卫星为什么不落地		
10. 经常参加学术会议		

统计选择"是"的数量，作为最终得分，得分为：_____

A-艺术型能力

提问：你擅长做或胜任做下列活动吗？请根据自己的选择，在"是"或"否"的空格中画"√"。

问题	是	否
1. 能演奏乐器		
2. 能参加二部或四部合唱		
3. 能独唱或独奏		
4. 能扮演剧中角色		
5. 能创作简单的乐曲		
6. 会跳舞		
7. 能绘画、素描或书法		
8. 能雕刻、剪纸或泥塑		
9. 能设计板报、服装或家具		
10. 写得一手好文章		

统计选择"是"的数量，作为最终得分，得分为：_____

S-社会型能力

提问：你擅长做或胜任做下列活动吗？请根据自己的选择，在"是"或"否"的空格中画"√"。

问题	是	否
1. 有向各种人说明解释的能力		
2. 常参加社会福利活动		
3. 能和大家一起友好相处地工作		
4. 善于和年长者相处		
5. 会邀请人、招待人		
6. 能简单易懂地教育儿童		
7. 能安排会议等活动顺序		
8. 善于体察人心和帮助他人		
9. 能帮助护理病人和伤员		
10. 能安排社团组织的各项事务		

统计选择"是"的数量，作为最终得分，得分为：_____

E-企业型能力

提问：你擅长做或胜任做下列活动吗？请根据自己的选择，在"是"或"否"的空格中画"√"。

问题	是	否
1. 担任过学生干部并且做得不错		
2. 工作上能指导和监督他人		
3. 做事充满活力和热情		
4. 有效利用自身的做法影响他人		
5. 销售能力强		
6. 曾担任俱乐部或社团的负责人		
7. 向领导提出建议或反映意见		
8. 有开创事业的能力		
9. 知道怎样做能成为一名优秀的领导者		
10. 能言善辩		

统计选择"是"的数量，作为最终得分，得分为：_____

C-传统型能力

提问：你擅长做或胜任做下列活动吗？请根据自己的选择，在"是"或"否"的空格中画"√"。

问题	是	否
1. 熟练地进行中文打字		
2. 会用复印机		
3. 能快速记笔记和抄写文章		
4. 善于整理、保管文件和资料		
5. 善于从事事务性的工作		
6. 会用算盘		
7. 能在短时间内分类和处理大量文件		
8. 能使用计算机		
9. 能搜集数据		
10. 善于为自己或集体做财务预算表		

统计选择"是"的数量，作为最终得分，得分为：_____

3. 你喜欢下列职业吗

下面列举了许多职业，对这些职业的基本情况你或多或少有些了解，请根据你是否喜欢作答。

R-现实型职业

提问：你喜欢下列职业吗？请根据自己的选择，在"是"或"否"的空格中画"√"。

问题	是	否
1. 飞机机械师		
2. 野生动物专家		
3. 汽车修理工		
4. 木匠		
5. 测量工程师		
6. 无线电报务员		
7. 园艺师		
8. 长途公共汽车司机		
9. 手工艺人		
10. 电工		

统计选择"是"的数量，作为最终得分，得分为：_____

I-研究型职业

提问：你喜欢下列职业吗？请根据自己的选择，在"是"或"否"的空格中画"√"。

问题	是	否
1. 气象学家或天文学家		
2. 生物学家		
3. 医学实验室的技术人员		
4. 人类学者		
5. 动物学者		
6. 化学家		
7. 数学家		
8. 科学杂志的编辑或作家		
9. 地质学家		
10. 物理学家		

统计选择"是"的数量，作为最终得分，得分为：_____

A-艺术型职业

提问：你喜欢下列职业吗？请根据自己的选择，在"是"或"否"的空格中画"√"。

问题	是	否
1. 乐队指挥		
2. 演奏家		
3. 作家		
4. 摄影家		
5. 记者		
6. 画家		
7. 歌唱家		
8. 作曲家		
9. 电影/电视演员		
10. 导演		

统计选择"是"的数量，作为最终得分，得分为：_____

S-社会型职业

提问：你喜欢下列职业吗？请根据自己的选择，在"是"或"否"的空格中画"√"。

问题	是	否
1. 街道、工会或妇联干部		
2. 小学、中学教师		
3. 精神病医生		
4. 婚姻介绍所工作人员		
5. 体育教练		
6. 福利机构负责人		
7. 心理咨询师		
8. 共青团干部		
9. 导游		
10. 国家机关工作人员		

统计选择"是"的数量，作为最终得分，得分为：_____

E-企业型职业

提问：你喜欢下列职业吗？请根据自己的选择，在"是"或"否"的空格中画"√"。

问题	是	否
1. 厂长		
2. 电视剧制片人		
3. 公司经理		
4. 销售员		
5. 不动产推销员		
6. 广告部部长		
7. 体育活动主办者		
8. 律师		
9. 个体工商业者		
10. 企业管理咨询人员		

统计选择"是"的数量，作为最终得分，得分为：_____

C-传统型职业

提问：你喜欢下列职业吗？请根据自己的选择，在"是"或"否"的空格中画"√"。

问题	是	否
1. 会计师		
2. 银行出纳员		

续表

问题	是	否
3. 税收管理员		
4. 计算机操作员		
5. 簿记人员		
6. 文员		
7. 文书档案管理员		
8. 打字员		
9. 法庭记录员		
10. 人口普查登记员		

统计选择"是"的数量，作为最终得分，得分为：_____

4. 统计和确定你的职业倾向

请将前面测验的分数统计好，填入下表，并纵向累加。

总分表示你的职业倾向。

测验	R型	I型	A型	S型	E型	C型
你所感兴趣的活动						
你所擅长的活动						
你所喜欢的职业						
总分						

（1）请将表中6种职业倾向的得分按照从大到小的顺序排列。

_____型_____型_____型_____型_____型_____型

（2）霍兰德代码中分数最高的3项就是你的霍兰德代码。

你的霍兰德代码是：_____

（3）这个代码适合的职业特点是什么，请写下来。

步骤二　性格探索

请登录荣格斯网站，了解自己的MBTI性格类型，请写出你的MBTI类型，你的类型适合的职业可能有哪些，请写下来。

步骤三　能力探索

1. 成就事件分析

选择3个重要的成就事件，用STAR法详述过程，并从中提炼总结你的能力。

（1）成就事件1：_____

Situation（情境/背景）：

Task（任务/目标）：

Action（行动）：

Result（结果）：

请思考:

这个事件中体现了你的哪些能力?

能力分类	专业知识能力	可迁移能力	自我管理能力
1			
2			
3			
4			
5			

(2) 成就事件2: _____

Situation (情境/背景):

Task (任务/目标):

Action (行动):

Result (结果):

请思考:

这个事件中体现了你的哪些能力?

能力分类	专业知识能力	可迁移能力	自我管理能力
1			
2			
3			
4			
5			

（3）成就事件3：_____

Situation（情境/背景）：

Task（任务/目标）：

Action（行动）：

Result（结果）：

请思考：

这个事件中体现了你的哪些能力？

能力分类	专业知识能力	可迁移能力	自我管理能力
1			
2			
3			
4			
5			

2. 请将上述事件中发掘的能力整理填写到下表中，并且邀请其他人对你的能力进行评价。

能力分类		你的能力项	他人评价
专业知识能力	1		
	2		
	3		
	4		
	5		
可迁移能力	1		
	2		
	3		
	4		
	5		
自我管理能力	1		
	2		
	3		
	4		
	5		

3. 经过以上的回顾和评价，你对自己的能力有什么新的发现，或者获得了什么新的启发，请写下来。

4. 这些能力对你的职业选择有什么启发，请写下来。

步骤四　探索价值观

1. 每个人希望从职业中获得的东西都不同。现在请从下面的价值观中挑选出5项最重要的，并按照重要性进行排序。

（1）成就感　这类价值观注重在工作中取得显著的成果和成就，通过完成具有挑战性的任务、实现目标来获得满足感。

（2）经济报酬　把获得丰厚的经济收入作为重要追求，认为高薪资、福利和物质回报是工作的主要动力。

（3）工作环境　重视工作场所的舒适度、安全性以及周边的氛围。

（4）社会地位　渴望通过职业获得较高的社会认可和尊重。

（5）职业稳定性　倾向于选择相对稳定、风险较小的职业，避免频繁的工作变动和不确定性。

（6）人际关系　注重与同事、上级和客户之间的良好关系，认为和谐的人际氛围能提高工作满意度。

（7）智力激发　希望工作能够不断激发自己的思维和创造力，提供学习新知识和技能的机会。

（8）利他主义　以帮助他人、为社会做出贡献为主要价值取向。

（9）独立自主　追求在工作中拥有较大的自主决策权和独立性，能够按照自己的方式和节奏开展工作。

（10）审美追求　重视工作中美的创造与欣赏。

（11）权力欲望　渴望在工作中拥有掌控和决策的权力，能够对他人和事务产生重要影响。

（12）多样性与变化　喜欢工作内容和环境具有丰富的多样性，不希望陷入单调重复的模式。

（13）冒险与挑战　热衷于接受高风险、具有巨大挑战性的工作任务，从克服困难中获得乐趣和满足。

（14）健康与休闲　将保持身心健康以及拥有充足的休闲时间视为重要价值，可能会选择工作强度相对较低、有更多休息机会的职业。

（15）道德与伦理　非常重视工作符合道德和伦理规范，不能接受违背良心的工作内容。

（16）团队合作　把与团队成员共同协作、达成目标作为工作的重要意义。

（17）创新与突破　热衷于在工作中推动创新，突破传统的思维和方法，为所在领域带来新的理念和变革。

（18）精准与细节　特别注重工作的准确性和对细节的把控，追求完美和零误差。

（19）传承与传统　认为传承和遵循传统的工作方式、技艺或文化具有重要价值，愿意投身于维护和发扬传统的职业领域。

（20）竞争意识　享受在工作中的竞争环境，通过超越对手来证明自己的能力和价值。

（21）心灵满足　追求工作能够带来内心的宁静和精神上的充实。

（22）行业声誉　看重所在行业的声誉和形象，希望从事具有良好口碑和社会评价的职业。

（23）地域偏好　将工作地点的选择作为重要价值考量，例如倾向于在家乡工作或者在特定的城市发展。

（24）文化契合　注重工作环境的文化与自身文化背景、理念的契合度。

2. 请思考，这5项中最重要的一项是什么？

3. 请运用你能想到的方式进行检索，将能够体现上述价值观的职业或岗位写下来。

专题三
职业世界探险

学习目标

1. 掌握职业信息收集的整体思路。
2. 了解行业特点。
3. 了解组织类别及其特点。
4. 明确目标岗位要求。
5. 将职业选择与社会需求相结合,培养社会责任感和使命感。

课前案例

老夏的职业烦恼

老夏其实不老,今年30岁,毕业于上海一所理工类院校,学习的是机电一体化专业。本科毕业后入职一家日资公司,从事精益生产工作。老夏专业知识扎实,勤于思考,非常受领导器重,工作四年后因为表现优异晋升为精益生产主管。

一切看起来都很顺利,但老夏却并不开心。当初毕业找工作的时候,老夏海投简历,误打误撞进入了这家日资公司,对于日资企业的特点并不了解。在这家企业工作的这几年中,虽然工作成果获得了认可,但是由于企业文化偏于保守,老夏的很多有创意的想法都无法获得支持,这让老夏在工作中颇感无力和遗憾。同时,在参加同行论坛的过程中,老夏了解到,相同的职位在欧美公司的薪酬远高于日资公司,这也让老夏感到失落。

老夏想要寻求其他的工作机会,但又担心自己无法适应新公司,也担心自己和欧美公司的能力要求有差距。

案例思考

1. 你觉得老夏毕业找工作的时候海投简历的做法怎么样?
2. 如果你是老夏,你现在会怎么做?

课前自我思考

在正式开始这个篇章的学习前,请你思考一下,在你的想象中,你未来的职业是什么样子的,并回答以下问题。

1. 你打算在哪个/哪几个城市工作?

2. 你打算从事的工作岗位是什么,如果有多个考虑方向可以都写下来。

3. 你设想的薪酬收入是在什么范围？

我们常说："三百六十行，行行出状元。"这句话在当今时代依然成立，那么这是不是就意味着我们可以不加思考和选择地投身于某个职业呢？对于这个问题或许不同的人也有着不同的见解，但无论是何种回答，我们终归期待从事既适合自己又有发展前景的职业。然而，现实情况却是，多数人在踏入职场以前，根本不清楚究竟存在着哪些行业或者职业，凭借着道听途说的信息或者自己的联想猜测，便懵懵懂懂地开启了职业生涯，如此一来，从事适合且有发展的职业便成了小概率事件。

由此可见，充分探索职业世界非常重要，它是指引职业生涯规划之路的地图。只有充分掌握准确、全面的职业信息，我们才能真正了解各种职业的内涵、要求和发展前景，避免盲目地作出选择。避免在职业发展之路中迷失方向。

单元一 | 收集行业信息

一、职业世界探险思路

作为应届毕业生，在求职之初我们常常习惯于在各类招聘软件中搜索具体的岗位。然而，这样的搜寻方式有着明显的局限性。首先，相同性质的岗位在不同的行业中差异很大，行业未来的发展千差万别，毕业时从事相近岗位的同学，因为行业发展的不同，可能有着截然不同的个人发展。其次，即使是相同行业的相同岗位，在不同的组织中也会有不同的定位，这也导致了实际工作内容的差别，而这种差别又会影响着个人成长。

因此，在职业世界中探险，我们需要具备正确的策略，才能做到科学有序。总体而言，探索职业世界要从行业入手，不断缩小范围，逐步聚焦到组织和具体岗位。岗位-行业-组织关系如图3-1所示。

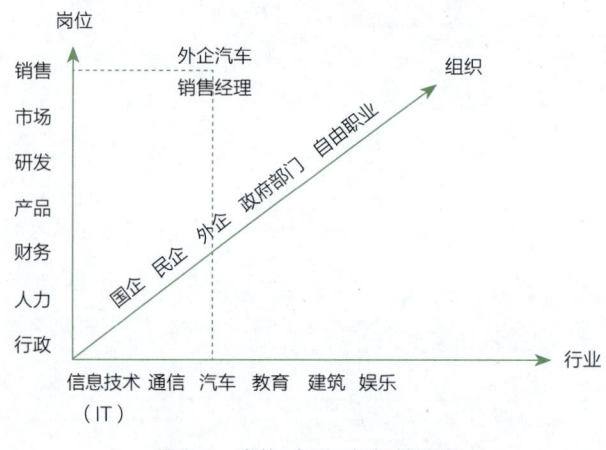

图3-1 岗位-行业-组织关系图

二、行业的定义与调研重点

行业是指一组提供同类相互密切替代商品或服务的企业集合。行业分类是将经济活动按照一定的标准和特征进行划分和归类。从大的方面来看，主要有以下几种分类方式。

按三大产业划分，第一产业主要是农业相关，是国民经济的基础；第二产业以工业和建筑业为主,是国民经济的主导;第三产业即服务业,范围非常广泛,包括商业、金融、交通运输、教育、医疗、文化娱乐等多个领域,对经济的推动作用日益显著。

还可以按照行业性质分类,比如制造业,包含各种产品的生产加工;信息传输、软件和信息技术服务业,涉及通信、互联网等领域;金融行业,涵盖银行、证券、保险等;消费行业,像零售、餐饮等。

此外,还有基于不同标准的细分分类,比如按技术含量可分为传统行业和新兴行业;按市场需求可分为刚需行业和弹性需求行业等。

不同的行业分类方式有助于从不同角度理解和分析经济结构、产业发展趋势以及各行业之间的相互关系,对于政府制定政策、企业战略规划以及投资者决策等都具有重要的参考意义。同时,随着科技的发展和经济的变化,行业分类也在不断调整和演变,以更好地适应新的形势和需求。

在我们以职业生涯规划为目标进行行业信息收集时,通常会选择行业二级分类下(表3-1)的细分作业。

表3-1 行业分类表

一级分类	教育培训	信息技术(IT)	金融	房地产/建筑	医疗医药生物	旅游休闲服务
二级分类	早幼教育	云计算/大数据	互联网金融	房地产	医疗健康	旅游
	K12教育	人工智能	消费金融	家居家装	健康养老	酒店
	素质教育	智能制造	金融科技	租赁住房	医疗美容	餐饮
	职业教育	智慧城市		智能家居	医疗器械	运动健身
	STEAM教育				智能医疗	
	知识内容教育					
	在线教育					

一级分类	能源	通信服务/互联网	商业专业服务	文化传媒	商贸零售	汽车
二级分类	清洁能源	互联网	心理咨询	新媒体	新零售	车联网
		物联网	法律服务	广告	电商/跨境电商	新能源汽车
		网络安全		电子竞技	物流快递	汽车电子
				短视频	美妆零售	
				直播	母婴零售	

三、行业信息收集内容

当想要了解一个行业,通常需要了解行业的基本概况,包括行业的定义、涵盖的范围、历史发展脉络;清楚行业的市场规模与增长趋势,了解其当前的市场容量大小以及未来可能的发展走向；还要了解行业的竞争格局，比如主要的竞争企业有哪些，它们各自的市场份额和竞争优势等。我们可以通过分析行业所处的生命周期来了解这些信息。

（一）行业生命周期

行业生命周期是指一个行业从诞生、成长、成熟到衰退的整个过程，主要包括导入期、成长期、成熟期和衰退期四个阶段，各个阶段呈现出不同特征。

1. 导入期

这一阶段新行业刚刚诞生，产品或服务初步进入市场，市场认知度较低，消费者接受度有限，往往面临较高的研发和市场推广成本，企业盈利较为困难，但也蕴藏着巨大潜力。导入期虽然风险较大，但也意味着更多的机会和潜在的高回报。如果求职者具有冒险精神和创新能力，选择进入新兴行业，成为开拓者，能获得早期发展的优势和更多上升空间。

2. 成长期

行业开始快速发展，市场需求迅速增长，企业数量增多，竞争逐渐加剧，产品或服务不断完善和多样化，行业利润水平逐步提高。成长期行业充满活力，对人才的需求旺盛，此时进入能享受到行业快速发展带来的机遇，有更多晋升机会和良好的职业发展前景。

3. 成熟期

行业发展趋于稳定，市场增长速度放缓，市场份额相对集中在少数大型企业手中，竞争格局相对稳定，行业利润率保持在较为稳定的水平，但创新和变革的动力可能有所减弱。处于成熟期的行业相对稳定，职业发展路径较为清晰，求职者可以根据行业特点规划较为平稳的职业路线。

4. 衰退期

行业由于各种原因开始走下坡路，市场需求持续萎缩，企业盈利能力下降，可能出现企业倒闭或转型等情况，行业面临着调整或被新的行业所替代。在这类行业中工作，职业发展必然会受到冲击，需要提早寻找转型契机。

了解行业生命周期对于职业规划有着重要意义，新的行业不断涌现，夕阳行业面临着淘汰，了解行业生命周期能让我们更准确地判断职业发展的方向和时机，更好地规划自己的职业生涯，作出更明智的职业选择和决策。

案例3-1

林晨的职业选择

林晨（化名）从小就对电子设备充满好奇，经常拆解和组装一些旧的电子产品。在学校里，他的理科成绩非常出色，尤其对计算机技术有着浓厚的兴趣。

林晨凭借优异的成绩考入一所知名的理工科大学，主修电子工程专业。大学期间，他积极参加各种科技社团和竞赛，不断提升自己的技术水平。毕业后，林晨顺利进入一家大型电子科技公司，成为一名硬件工程师。

在电子科技公司的工作中，林晨充分发挥自己的专业知识和创新能力，参与多个重要项目的研发。他不仅提升了自己的硬件设计能力，还对电子行业的发展趋势有了更深刻的认识。然而，随着时间的推移，林晨发现电子行业的竞争日益激烈，市场格局也在不断变化。

林晨在工作之余，密切关注科技行业的动态。他发现智能物联网领域正处于蓬勃发展的阶段，市场需求巨大。凭借对电子技术的扎实掌握和对新技术的敏锐洞察力，林晨决定转型智能物联网领域。利用业余时间学习智能物联网相关知识，参加行业研讨会和培训课程。经过一段时间的努力，林晨成功转型为一名智能物联网工程师，加入了一家专注智能物联网研发的创业公司。在新的岗位上，林晨面临着巨大的挑战，但他也充满了激情。他与团队成员一起攻克技术难题，推动公司的智能物联网产品不断创新。

随着在智能物联网领域的经验积累，林晨对市场的需求有了更清晰的认识。他发现很多企业和家庭在智能化升级过程中，对智能物联网解决方案的需求日益增长。于是，林晨萌生了创办自己科技企业的想法。他与几位在行业内有丰富经验的朋友一起，筹集资金，组建团队，成立了一家专注为企业和家庭提供智能物联网解决方案的科技公司。

（二）行业人力资源需求状况

行业的发展现状和未来趋势决定了整个行业的人力资源需求状况，了解行业人力资源需求状况能帮助我们评估职业的稳定性和可持续性。在需求稳定或增长的行业中，职业发展更有保障，在需求波动较大或下滑的行业，职业风险可能相对较高。

如果一个行业人力资源需求旺盛，意味着有大量的职位空缺和就业机会，这会给职业规划带来积极影响。比如在新兴的互联网行业，对各类技术人才的需求持续增长，那么对于相关专业的人来说，就更容易找到合适的工作，有更多的晋升空间，如果一个行业人力资源需求不足甚至萎缩，那么职业规划就需要谨慎考虑。可能需要提前准备应对策略，比如考虑跨行业发展、提升多元化技能等，以避免在该行业就业困难时陷入被动。

（三）行业准入资格

有一些行业在进入时通常需要一定的准备和积累。这时，从业资格证便成为进入特定行业的"敲门砖"，对于应届毕业生而言，从业资格有时并非必需的，不过具备相关证书则体现了其专业知识和能力，能显著提升我们在就业市场上的竞争力。在面对众多求职者时，它能让我们脱颖而出，获得更多的关注和机会，为顺利开启职业生涯提供有力保障。一些高含金量的从业资格证还可能为我们打开通往更广阔职业发展空间的大门，助力我们攀登职业高峰，实现更高的职业成就。了解行业的准入资格也是提前了解到进入某个行业所需的专业知识和技能要求，促使我们在职业生涯规划中针对性地去学习和积累，确保我们在真正进入行业后能够游刃有余地应对工作。

因此，了解行业准入资格能让我们对不同行业的发展趋势和要求有更深入的认识，以便及时调整和优化自己的职业生涯规划，更好地适应社会和行业的变化，是做好职业生涯规划不可或缺的重要环节，能让我们的职业道路走得更稳、更顺、更有前景。

单元二 | 调研行业领军企业

一、组织信息探索的意义

组织是职业生涯紧密依附且得以发展的根基所在。每个组织都具有自身独特的内在特质、发展指向以及运作方式，明晰组织的基本状况是进行职业抉择的基石，同时也是日后职业生涯能够良好前行的有力保障。从另一个角度来看，组织处于社会这个大环境之中，会持续地进行变革从而适应环境的变动，而这一点会对我们的职业生涯产生影响。

二、组织信息探索的内容

了解组织信息可以帮助我们更好地作出职业决策，对组织信息了解越深入，越能减少职业发展上的风险和不确定性，增强职业发展的稳定性，避免频繁跳槽造成职业发展的断裂。通常我们在收集组织信息时，会关注以下几个方面。

（一）组织的基本情况

了解组织属于何种性质，规模有多大，在发展过程中经历了怎样的历程，在所处行业中占据着怎样的地位等，帮助我们对组织形成整体认识。

（二）组织的文化和价值观

组织在发展进程中，会逐步构建起特定的文化氛围，从高层面来看体现为企业文化，从基础的层面来讲则体现为做事准则。企业文化是否与我们自身价值观相契合影响着我们在企业中工作的投入程度及稳定性。如果自身的特质与企业文化特质契合，我们更有可能长期稳定的在组织中工作，与组织共同发展。

（三）组织的业务范围

组织能够存续，源于它向社会提供了特定的服务，从而满足了某些方面的需要，这具体体现在该公司的核心业务上。一些规模较大的组织会有多条产品线，然而必定会有一款主打产品。了解企业主营业务有助于我们判断企业的发展前景和潜力，清晰地了解企业的核心竞争力，进而思考我们在企业中的上升空间和发展机会。

（四）组织的发展战略和目标

组织的发展战略是指企业为了实现长期生存和发展，根据自身资源和外部环境状况，对组织发展方向、发展模式、竞争策略等进行的总体谋划。组织的目标则是企业期望在未来一段时间内达到的具体成果或状态。发展目标可以包括经济目标，如营收增长、利润提升、市场份额扩大等；也可以包括非经济目标，如技术创新、品牌建设、社会责任履行等。通过了解组织发展战略和目标，你可以判断组织的前景和潜力，进而决定自己在该组织中可以投入的精力和时间，以及规划自己职业发展的长短期目标。

（五）组织架构和部门设置

组织架构设置指的是对一个组织内部各个部门、层级以及它们之间相互关系的规划和安排。它明确了组织内不同职能部门的划分，比如市场营销部、研发部、财务部、人力资源部等，确定了各个部门的职责和权限范围。同时，也界定了组织的管理层级，如高层管理、中层管理和基层管理等，以及不同层级之间的汇报关系和指挥链条。了解组织架构可以让我们更准确地找到适合自己发展的位置，明确自己可能的职业路径，知晓晋升通道和层级，为自己设定合理的职业晋升目标和计划。

（六）企业人力资源政策

企业人力资源政策包括其在招聘方面有着怎样的要求和流程，在培训方面会提供哪些资源和机会，在晋升方面遵循怎样的标准和机制，在薪酬福利方面有着怎样的规定和待遇。

三、行业领军企业信息收集

在每个行业范畴内，存在着处于不同发展阶段的企业，而每个特定的范围内也会涌现出一定的领军企业。这些企业涉足行业较早，具备独特的核心竞争力，不论是人才上还是技术上都具有领先优势。对这样的标杆企业展开研究，能够深入地把控行业的过去与未来，帮我们厘清职业选择时的目标。

在对领军企业进行信息收集时，可以从下面几个方面入手。

（一）初步收集资料

充分利用互联网的强大资源，进行广泛地网络搜索，查找关于企业的各类报道、新闻、评论等；仔细查阅专业的行业报告，从中获取行业整体态势以及该企业在其中的位置和影响力等信息；深入研究企业自身公开的各类信息，如公司官网介绍、企业发布的公告、年报等，以构建对企业的初步认知框架。

（二）深入研究产品和服务

全面细致地分析其核心产品或服务的独特特点，包括功能、设计、质量等方面的优势，以及在市场中与其他同类产品或服务相比所展现出的竞争力。还要考量其产品或服务的创新程度、市场适应性和未来发展潜力。

（三）考察产业链

细致了解企业在整个产业链中所处的具体位置和所发挥的关键作用，研究其与产业链上下游企业之间的合作关系、依存程度、利益分配等情况。分析企业在产业链中的影响力以及对产业链整体运作的贡献。

（四）关注竞争对手

全方位对比领军企业与其他竞争对手在各个方面的差异和优势。包括但不限于产品或服务的特色、市场份额、营销策略、技术实力等，以便更准确地评估领军企业的核心竞争力。

（五）跟踪动态

持续密切地关注企业的最新发展动态、战略调整方向、重大事件的发生等。通过实时跟踪，及时掌握企业的变化情况，以便对调研内容进行实时更新和补充。

（六）总结归纳

将通过各种途径收集到的丰富信息进行系统的整理和分类，运用科学的分析方法对信息进行深入剖析和提炼。最终归纳总结出关于领军企业的关键要点和有价值的结论，为进一步的研究或决策提供有力支持。

案例3-2

老国货的新飞跃

飞跃诞生于20世纪50年代的上海，最初是为满足工人、学生等群体的日常穿着需求而设计的运动鞋品牌。在那个物资相对匮乏的年代，飞跃以其结实耐用、价格亲民的特点，迅速成为大众喜爱的鞋类品牌。

随着时代的发展，国外运动品牌逐渐涌入中国市场，飞跃在一段时间内面临着巨大的竞争压力，甚至一度陷入困境。然而，飞跃并没有就此沉寂。近年来，飞跃通过创新和转型实现了品牌的复兴。一方面，飞跃积极与国内外的设计师、时尚品牌合作，推出了一系列具有时尚感和个性的联名款产品。这些产品不仅在国内受到年轻人的追捧，还成功打入国际市场。另一方面，飞跃不断拓展产品线，除经典的帆布鞋外，还推出了跑步鞋、篮球鞋等多种款式，以满足不同消费者的需求。同时，飞跃还注重线上线下渠道的建设，通过电商平台和实体店铺相结合的方式，提高品牌的知名度和市场占有率。

飞跃的复兴不仅为中国老品牌的发展提供了成功的范例，而且在一定程度上推动了中国时尚产业的发展。品牌积极参与公益活动，关注环保和可持续发展，通过使用环保材料、推广回收利用等方式，为社会作出贡献。飞跃证明了老国货品牌在新时代依然具有强大的生命力和发展潜力。

单元三 ❙ 寻找岗位核心能力

一、岗位信息探索的意义

（一）制订个人职业规划

了解不同岗位的特点和要求，对照自我的现实情况，可以更清晰地规划出与自我匹配的职业路径。避免盲目选择职业，减少职业转换的成本和风险。

（二）提高求职成功率

了解岗位所需的技能、经验和素质，可以帮助我们在求学期间提前准备，通过实习、参加校内外活动的方式提升职业能力。撰写简历时也可以有的放矢地突出与岗位需求相关的亮点，提高简历的匹配度。在面试中，可以更好地回答面试官关于岗位理解和胜任能力的问题。

（三）更好地适应工作

提前了解工作的内容和强度，能够在入职前调整好心态，做好应对困难和挑战的准备。同时，提前学习和提升所需的技能，更快地适应工作节奏。对岗位有充分的认识，能够减少因期望与实际不符而产生的失落和不满，提高工作的稳定性和满意度。

（四）促进个人成长

了解岗位的要求和发展趋势，可以帮助自己看到不足之处，激发个人自我提升的意识，提升学习的行动力。接触不同的岗位信息，有助于拓展对整个行业和职业领域的认识，发现更多的发展机会和可能性。

二、了解岗位信息的渠道

随着互联网的发展和普及，我们有越来越多的方式获取岗位信息，具体而言，包括了以下几种。

（一）招聘网站和求职类手机应用

提到求职类网站和手机应用，很容易让人联想到投递简历。事实上，通过这条渠道我们也可以比较方便地收集到岗位信息。通常招聘平台可以分为两类：综合性招聘平台和专业性招聘平台。例如：智联招聘、前程无忧、BOSS直聘等属于综合性招聘平台。

这类平台的特点是涵盖了各种行业和职位类型，职位信息丰富，可以通过精确检索，找到特定的岗位，并了解不同行业、不同组织的岗位信息。专业性招聘平台是针对特定领域的招聘网站，例如：拉勾招聘专注于互联网行业，丁香人才网侧重于医疗行业。这类平台的岗位信息更具专业性和针对性，能够提供更深入的行业岗位细节。

（二）企业官方网站

许多企业都会在自己的官方网站上发布最新的招聘信息，包括岗位详情、任职要求和福利待遇等。此外，浏览官方网站也可以帮助求职者了解业务范围、发展战略和组织架构，从而对岗位有更深刻的理解和认识。

（三）社交媒体平台

由于社交媒体平台具有传播效率高、跨地域、成本低等特点，越来越多的企业会用其实施招聘活动。这也为我们收集岗位信息提供了新的渠道。各社交媒体平台有其自身特色，求职者可以根据自己的需要选择使用。

> **小贴士**
>
> **求职相关的社交媒体平台**
>
> 1. 领英：专注于职业社交的平台，求职者可以完善个人职业资料，展示工作经历和技能，与同行和招聘者建立联系。也可以在平台上搜索企业发布的招聘信息。
> 2. 微信公众号：有些企业会通过招聘专用的公众号，或者公司的官方公众号发布招聘内容，定期推送岗位信息和招聘流程。
> 3. 脉脉：与领英相似，是一个职场社交平台，提供了丰富的求职和招聘功能。可以查看公司内部员工的评价，更好地了解企业情况。
> 4. 抖音：部分企业会通过抖音账号发布招聘短视频，以更生动的形式展示岗位信息。
> 5. 知乎：虽然不是专门的求职平台，但有很多关于求职和职业发展的话题讨论，也会有企业或个人发布招聘信息。

（四）校园招聘

学校会定期举办校园招聘会，众多企业会到现场进行招聘，在招聘会现场可以直接与招聘人员交流，了解岗位信息。学校的就业指导中心会发布一些企业的招聘信息，并提供就业咨询和指导服务。

（五）行业论坛和专业社区

通过关注行业论坛和专业社区可以了解最新的岗位需求和行业发展趋势。求职者可以搜索相关的行业论坛，关注热门板块中的热门话题，会对行业动态和岗位信息有更多的了解。

三、收集岗位信息的方法

（一）岗位信息收集工具

PLACE模型是一种用于岗位信息收集的有效工具，它包括以下几个方面。

1. 职位（P-Position）

（1）职位名称和级别　明确具体的职位称呼以及在组织中的层级。

（2）工作职责和任务　详细了解该职位日常需要完成的主要工作内容和具体任务。

（3）工作重点和目标　确定工作的核心重点以及需要达成的具体目标和业绩指标。

2. 工作地点（L-Location）

（1）实际工作地点　明确是在办公室、工厂、外勤还是远程工作等。

（2）工作环境特点　例如办公设施、周边环境、交通便利性等。

3. 晋升机会（A-Advancement）

（1）晋升途径和可能性　了解在该岗位上可能的晋升方向和晋升所需的条件。

（2）职业发展支持　如培训课程、导师指导、内部转岗机会等。

4. 雇用条件（C-Condition of Employment）

（1）薪资和福利　包括基本工资、奖金、津贴、保险、休假制度等。

（2）工作时间　包括正常上班时间、加班情况、弹性工作制度等。

5. 入职要求（E-Entry Requirements）

（1）教育背景和专业要求　所需的学历水平和特定的专业知识。

（2）工作经验和技能　相关工作经验的年限要求，以及必备的专业技能和软技能。

（3）资格证书和培训　是否需要特定的职业资格证书或完成某些培训课程。

通过运用PLACE模型全面收集岗位信息，可以更系统、更深入地了解一个岗位是否适合自己，为职业决策提供有力的支持。

（二）岗位信息收集步骤

1. 初步确定关键词

经过自我探索和行业信息的收集，我们对于自我和职业有了一定的认知，在收集具体岗位信息之前，可以在已有认知的基础上确定一些关键词，关键词可以是具体的职位名称，如：产品经理、会计专员、新媒体运营等，也可以是某个行业，如：互联网、医疗、建筑等。

2. 选择搜索渠道进行检索

利用前文提到的不同渠道，通过关键词对岗位进行检索。可以采用岗位关键词检索，也可采用行业关键词检索，还可以将岗位关键词和行业关键词结合在一起进行检索。检索过程中需要注意的是，应尽可能囊括不同规模和性质的公司，例如：以新媒体运营岗位为关键词检索，既需要搜索大型公司，也需要搜索创业公司；既需要搜索外资公司，也需要搜索民营公司。全面多样性的搜索有助于我们了解岗位信息的全貌。

3. 汇总信息

为了便于分析和决策，需要对收集的岗位信息进行整理，可以依据PLACE模型汇总岗位信息表（表3-2）。

表3-2 PLACE模型岗位信息表

PLACE模型要素	岗位名称
P-职位	
L-工作地点	
A-晋升机会	
C-雇用条件	
E-入职要求	

案例3-3

李明的职业抉择

李明（化名）是一名计算机科学与技术专业的研究生，当前就业形势严峻，为了更好地应对未来的职业发展，李明在本科三年级时就开始寻找实习机会。通过实习和参加校园活动积累了一些职业经验，也对自己有了一些了解。因此，李明将未来的就业岗位锁定在了软件工程师、数据分析师和产品经理助理三个方向。为了获取更多的岗位信息，李明在BOSS直聘、猎聘网、CSDN论坛进行了岗位检索，并且运用PLACE模型对收集到的信息进行了整理。

首先，在"职位（Position）"方面，李明了解到软件工程师主要负责开发和维护公司的软件系统，需要熟练掌握编程语言和算法。数据分析师主要负责处理和分析大量数据，为公司的决策提供支持，要求具备数据分析工具的使用能力和统计学知识。产品经理助理需要协助产品经理进行产品的规划和设计，协调各部门推进产品上线，需要良好的沟通和协调能力。

在"工作地点（Location）"方面。李明发现，软件工程师的岗位在一线城市的机会更多，特别是在科技园区，工作环境现代化，但生活成本较高。数据分析师的岗位在一些二线城市也有不少需求，且工作地点相对分散，有的在市中心的写字楼，有的在新兴的产业园区。产品经理助理的岗位则更多集中在大城市的繁华商业区。

在"晋升机会（Advancement）"方面，软件工程师的晋升路径通常是从初级工程师到高级工程师，再到技术专家或团队管理岗位。数据分析师可以晋升为数据分析主管或数据科学家。产品经理助理有机会成长为产品经理，负责整个产品线的规划和发展。

在"雇用条件（Condition of Employment）"方面，软件工程师的薪资相对较高，尤其是在大型互联网企业，但加班情况较为常见。数据分析师的薪资也不错，工作时间相对稳定。产品经理助理的起薪可能稍低，但随着经验积累和业绩提升，薪资增长潜力较大。

在"入职要求（Entry Requirements）"方面。软件工程师岗位大多要求研究生学历，熟悉至少一种主流编程语言，有相关项目经验者优先。数据分析师岗位通常需要具备数学、统计学或计算机相关专业背景，掌握数据分析软件和数据库知识。产品经理助理岗位更看重沟通能力、团队协作能力和对市场的敏感度，有相关实习经验会是加分项。

综合考虑PLACE模型的各个因素，李明结合自己的兴趣和优势，最终选择了一家大型互联网企业的软件工程师岗位。他认为这个岗位不仅与自己的专业技能匹配度高，而且在一线城市的工作环境能够接触到前沿的技术和理念，虽然工作强度较大，但晋升空间广阔，薪资福利也能满足自己的期望。

单元四 ｜ 验证职业信息

职业市场是动态变化的，技术进步、政策调整、经济形势等因素都可能影响职业的需求、技能要求和发展前景。我们在某个时间节点收集到的职业信息可能会存在过时或不准确的情况，而错误的信息可能会导致我们作出错误的职业选择。验证信息，可以及时发现偏差，调整职业规划。

一、静态收集验证职业信息

静态收集验证职业信息指的是通过相对固定、不随时间频繁变化的渠道和资源来获取职业相关的信息。这种方式主要依赖于已经存在的、经过整理和编辑的资料，例如职业手册、百科全书、政府发布的统计报告、学校和培训机构的课程目录等。

（一）静态收集验证职业信息的方法和步骤

1. 确定验证目标

确定需要收集和验证的职业领域或具体职业。明确所需信息的详细程度和重点方面，例如工作内容、技能要求、薪资待遇、职业发展等。

2. 选择合适的验证资源

挑选权威的职业手册、百科全书、政府部门发布的统计报告、学校和培训机构的课程目录等。确保验证资源的可靠性和相关性。

3. 验证和整理信息

仔细阅读所选资源中关于目标职业的内容。记录关键信息，如工作职责、所需技能、教育背景要求等。将收集到的信息按照一定的逻辑进行分类和整理，例如按照职业特点、发展阶段、工作要求等。

4. 信息比对与验证

对比不同资源中关于同一职业的描述，检查一致性和差异性。对于存在差异的信息，进一步查阅其他权威资料或咨询专业人士以确定准确性。

（二）如何保证信息的时效性和准确性

因为静态信息相对固定，所以保证信息的时效性和准确性是验证和收集过程中需要关注的重点。为了解决这个问题，在使用此方法时可采取以下措施。

1. 关注资料出版时间

优先选择近期出版或修订的职业手册、百科全书和专业报告。查看资料的出版日期和版本号，确保获取的是相对较新的内容。

2. 关注权威机构定期发布的报告

订阅政府部门、专业协会或研究机构定期发布的职业统计数据和行业报告。例如，劳动部门每年发布的就业形势报告、行业协会的年度发展报告等。

3. 利用在线数据库和电子资源

许多学术数据库和专业网站会及时更新相关职业信息。一些付费的数据库通常会有更频繁的更新机制。充分利用这些资源可以在一定程度上确保信息的及时和准确。

4. 核对多个来源

对同一职业的信息，从多个不同但可靠的渠道收集。对比这些来源的信息，查看是否相互印证或存在差异。对于有差异的部分，进一步研究和核实。

> **小贴士**
>
> **职业信息官方网站**
>
> 1. 中华人民共和国人力资源和社会保障部：提供国家层面的劳动就业政策、职业分类、行业动态等信息。
> 2. 国家统计局：可获取有关各行业就业状况、工资水平等方面的统计数据。
> 3. 中国就业网：涵盖就业政策、职业指导、招聘信息等。
> 4. 中国公共招聘网：由人力资源和社会保障部主办，提供全国各地的招聘信息、就业政策、职业指导等内容。
> 5. 国家大学生就业服务平台：为高校毕业生提供就业信息、招聘活动、职业指导等服务。
> 6. 学职平台：依托大数据和大平台，搭建学生、高校和企业三位一体平台，为学生选择专业、择业、就业，高校人才培养、选拔、就业指导，以及企业人才储备、招聘提供全面专业的服务。

（三）静态收集验证职业信息的优劣势

通过静态方式收集的职业信息能够提供对职业的全面、系统的概述，包括基本的工作内容、技能要求、教育背景等。信息经过整理和编辑，通常具有较高的可靠性和准确性。由政府发布的统计数据在一定程度上能反映出职业的长期趋势，便于参考和比较。

然而，以静态方式收集信息也有其局限性。对短期内行业突发情况对行业的影响无法及时反映，也不能及时反映职业市场的最新变化，如新兴职业的出现、职业需求的快速转变等。静态验证和收集到的结果提供的往往是一般性的描述，缺乏对实际工作环境、个人职业体验等细节的深入探讨。难以反映个体差异，不能针对个人的特殊情况和需求提供个性化的信息。

二、动态收集验证职业信息

动态收集职业信息是指通过实时、不断变化和交互的方式获取职业相关的信息。这种方式强调对最新、实时和正在发展中的职业信息的获取。它不依赖于固定的、预先编辑好的资料，而是通过与当下的职业市场、从业者以及行业动态进行直接的接触和交流来收集信息。动态收集验证职业信息能够更敏锐地捕捉到职业领域的瞬息万变，帮助人们及时调整职业规划和发展策略，以适应不断变化的就业环境和市场需求。

（一）生涯人物访谈

1. 什么是生涯人物访谈

生涯人物访谈是一种通过与从事特定职业的个人进行深入交流和询问，以获取有关该职业的真实信息、经验和见解的方法。生涯人物访谈旨在帮助访谈者了解某个职业的实际工作情况、职业发展路径、所需的技能和素质、面临的挑战和机遇，以及行业的趋势和前景等方面的内容。

通过生涯人物访谈，访谈者可以获得第一手的、个性化的职业信息，这些信息往往比从书本、网络等渠道获取的更加生动、具体和实用。它有助于访谈者更清晰地认识职业，从而更好地作出职业规划和决策，明确自己的职业目标和努力方向。

2. 生涯人物访谈的流程

（1）确定访谈目标 明确通过访谈想要了解的内容，例如特定职业的工作日常、发展前景、所需技能等。

（2）选择访谈对象 寻找从事您感兴趣的职业且具有一定工作经验和成就的人。可以通过校友网络、社交媒体、行业活动等途径找到合适的人选。

（3）联系访谈对象 发送礼貌、清晰的邮件或消息，说明您的身份、访谈目的，并询问对方是否愿意接受访谈。如果可能，提供一些关于访谈的大致问题和预计时间，让对方有心理准备。

（4）准备访谈问题 提前列出详细的问题清单，包括但不限于以下方面：如何进入这个行业，职业晋升的关键阶段和步骤；典型的一天工作是怎样的，主要的工作职责和任务；必备的专业技能和综合素质；面临的主要困难和压力，如何应对；对工作的喜欢和不喜欢之处；行业的未来发展趋势，对新人的建议等。

（5）进行访谈　选择一个双方都方便的时间和方式进行访谈，如电话、视频通话或面对面交流。开始时，简要介绍自己和访谈目的，双方热身进入访谈状态；进而按照问题清单有序提问，在提问过程中保持灵活性，根据对方的回答深入追问；认真倾听，做好记录。

（6）表达感谢　访谈结束后，向对方表示衷心的感谢，可以考虑发送一封感谢邮件，再次表达感激之情，并提及访谈对您的帮助。

（7）整理和分析访谈内容　对访谈记录进行整理，提取关键信息和有价值的观点。分析这些信息对您的职业规划的启示。

> 💡 小贴士
>
> **生涯人物访谈大纲**
>
> 一、访谈开场
> 1. 感谢被访谈者抽出时间参与访谈。
> 2. 简要介绍访谈的目的，是为了获取关于某职业的真实经验和见解，以帮助自己更好地了解该职业，为未来的职业规划做准备。
>
> 二、职业背景与发展路径
> 1. 您是如何选择进入某职业这个领域的？
> 2. 能否分享一下您的教育背景和专业对您从事这个职业的影响？
> 3. 您在这个职业中的晋升路径是怎样的？
> 4. 在您的职业发展过程中，有哪些关键的转折点或决策？
>
> 三、工作内容与日常职责
> 1. 请描述一下您典型的工作日是怎样度过的。
> 2. 您的主要工作职责和任务包括哪些方面？
> 3. 在工作中，您与哪些人或团队有密切的合作？
> 4. 您在工作中面临的最大挑战和压力是什么？
>
> 四、技能与能力要求
> 1. 从事这个职业需要具备哪些专业技能和知识？
> 2. 除了专业技能，还有哪些综合素质和能力是重要的（如沟通能力、团队协作能力、问题解决能力等）？

3. 您认为在这个职业中，持续学习和自我提升的重要性体现在哪些方面？
4. 对于想要进入这个职业的人，您建议他们如何提前培养和提升这些技能和能力？

五、职业满意度与成就感
1. 您对目前的工作满意度如何？
2. 这份工作给您带来的最大成就感来自哪里？
3. 有没有什么让您感到不满意或者希望改进的地方？

六、行业趋势与未来展望
1. 您认为当前这个行业的发展趋势是什么？
2. 这些趋势对您所在的职业会产生怎样的影响？
3. 您对未来这个职业的发展有怎样的预测？
4. 对于想要在这个行业长期发展的人，您有什么建议？

七、工作与生活平衡
1. 您如何平衡工作和个人生活？
2. 这个职业的工作强度和加班情况如何？

八、薪资与福利
1. 能否大致介绍一下您所在地区这个职业的薪资范围和福利待遇？
2. 哪些因素会影响薪资的增长和福利的提升？

九、给新人的建议
1. 如果有人对这个职业感兴趣，您认为他们在大学期间或者职业准备阶段应该做些什么？
2. 对于刚刚进入这个行业的新人，您有什么特别的建议或提醒？

十、访谈结束
1. 再次感谢被访谈者抽出时间分享宝贵的经验。
2. 询问被访谈者是否还有其他想要补充或者强调的内容。

案例3-4

生涯人物访谈：市场营销经理的职业之路

访谈对象：张经理，在一家知名快消公司担任市场营销经理，拥有10年工作经验。

访谈者：小李，市场营销专业的大学生。

访谈过程：

小李：张经理，非常感谢您能抽出时间接受我的访谈。首先，我想请问您是如何决定从事市场营销这个职业的？

张经理：我大学时就对商业活动很感兴趣，参加过一些营销比赛，发现自己在创意策划和与人沟通方面有优势，所以毕业后就选择了这个方向。

小李：那您的教育背景对您的职业发展有怎样的影响呢？

张经理：我学的就是市场营销专业，学校里的理论知识给了我一个基础框架，但真正的成长还是在工作中的实践。

小李：能分享一下您在这个职业中的晋升路径吗？

张经理：我从市场专员做起，负责一些基础的市场调研和执行工作。通过努力和几个成功的项目经验，逐步晋升为市场主管，然后是市场经理。

小李：在您的职业发展中，有没有关键的转折点或决策？

张经理：有一次，公司有一个重要的新产品推广项目，我主动争取并承担了主要责任。虽然压力很大，但项目的成功让我得到了公司的认可，也为后续的晋升打下了基础。

小李：请描述一下您典型的工作日是怎样度过的？

张经理：早上会先和团队开会，讨论项目进展和当天的任务安排。然后可能会和合作伙伴沟通合作方案、分析市场数据、策划营销活动等。晚上还经常会参加一些行业活动或者与客户应酬。

小李：您的主要工作职责和任务包括哪些方面？

张经理：制定营销策略，监督营销活动的执行，分析市场反馈，管理团队，还要与其他部门协调合作，确保营销目标与公司整体战略一致。

小李：在工作中，您与哪些人或团队有密切的合作？

张经理：与销售团队、研发团队、财务部门都有紧密合作。销售团队反馈市场需求，研发团队提供产品创新，财务部门把控预算。

小李：您在工作中面临的最大挑战和压力是什么？

张经理：市场变化快，竞争激烈，要不断创新和跟上潮流，同时要达成业绩指标，压力不小。

小李：从事这个职业需要具备哪些专业技能和知识？

张经理：市场分析能力、营销策划能力、沟通协调能力很重要，还要了解消费者心理、品牌管理、数字营销等知识。

小李：除了专业技能，还有哪些综合素质和能力是重要的？

张经理：抗压能力、团队领导力、创新思维、快速学习的能力都不可或缺。

小李：您认为在这个职业中，持续学习和自我提升的重要性体现在哪些方面？

张经理：市场和技术不断变化，不学习就会被淘汰。比如现在的社交媒体营销、大数据分析，都需要不断跟进。

小李：对于想要进入这个职业的人，您建议他们如何提前培养和提升这些技能和能力？

张经理：多参加实践项目，比如实习、校内的营销活动。多读书、关注行业动态，还可以学习一些相关的软件和工具。

小李：您对目前的工作满意度如何？

张经理：总体还是很满意的，有挑战也有成就感。

小李：这份工作给您带来的最大成就感来自哪里？

张经理：看到自己策划的营销活动取得好的效果，品牌知名度提升，产品销量增长，就觉得很有成就感。

小李：有没有什么让您感到不满意或者希望改进的地方？

张经理：工作节奏快，有时陪伴家人的时间比较少。

小李：您认为当前市场营销行业的发展趋势是什么？

张经理：数字化营销越来越重要，个性化和精准营销是方向。

小李：这些趋势对您所在的职业会产生怎样的影响？

张经理：要求我们更精通数字技术和数据分析，营销策略也要更个性化和精准。

小李：您对未来市场营销职业的发展有怎样的预测？

张经理：随着人工智能和大数据的应用，营销会更加智能化和自动化，但人的创意和情感连接仍然是核心。

小李：对于想要在这个行业长期发展的人，您有什么建议？

张经理：保持好奇心和学习的热情，积累经验，建立自己的人脉网络。

小李：再次感谢您抽出时间分享这么多宝贵的经验！

张经理：不客气，祝你未来在市场营销领域有所成就！

（二）招聘会

参加招聘会是一个直接了解就业市场需求，直观感受各类企业对不同专业、不同技能人才的需求量和具体要求的渠道。在招聘会上通过面对面的交流获取关于职位的详细信息，包括工作内容、职业发展路径、培训机会等。也能帮助求职者了解到之前未曾关注或不了解的企业和职位，增加职业选择的可能性。因此，参加招聘会是验证和收集职业信息的重要方式之一。

案例3-5

有备而来的招聘会

小李是一名大四学生，专业为计算机科学。毕业在即，找工作成为小李当下生活的重点。在得知学校即将举办一场大型招聘会后，小李提前一周就开始了准备工作。

首先，他从学校就业指导中心获取了参加招聘会的企业名单和招聘职位信息。仔细筛选出与计算机相关的企业，尤其是那些有软件开发、数据分析等职位需求的公司，并将它们列成一个表格，包括公司名称、招聘职位、职位要求等。

然后，小李根据不同职位的要求，对自己的简历进行了针对性地修改和优化。突出自己在相关课程中的优秀成绩、参与的项目经验、掌握的编程语言和工具等。对于每个目标职位，都准备了一份侧重点不同的简历。

招聘会当天9点开始，小李8点半就到了现场。先整体浏览了一遍展位分布，确定了目标企业的位置。随后，小李依次来到自己关注的企业展位，与招聘人员进行了深度的沟通交流，不仅介绍了自己的优势，还询问了公司的技术团队架构、正在进行的项目以及对新人的培训计划等。每一轮交流后，小李都主动索取对方的宣传资料，并认真记录招聘人员的联系方式和给出的建议。

参加招聘会后，小李觉得对自己的专业和职业选择有了更多的理解。

阅读了上述案例后，你觉得小李参加招聘会的过程给你带来了什么启发？

招聘会现场因为企业众多，是求职者验证和收集职业信息的理想场所。但时间和精力有限，无法在现场一一交流的情况下，我们需要有技巧的参加招聘会，来尽可能多地收集职业信息。从上述小李的案例中我们可以总结出参加招聘会的方法。

1. 提前准备

研究招聘会的参展企业名单和招聘职位信息，确定自己感兴趣的企业和职位；制作简历，突出与目标职位相关的技能、经验和成就。准备自我介绍，清晰简洁地阐述自己的优势和职业目标；思考想要和招聘人员交流的问题。

2. 明确目标

确定自己在招聘会上想要达成的具体目标，比如投递一定数量的简历、与特定企业的招聘人员建立联系、验证哪些岗位的重要信息等。

3. 针对性的交流

直接前往感兴趣的展位，迅速表明自己对该企业和职位的兴趣；重点突出自己与职位相关的经验、技能和成果；向招聘人员提问，澄清关心的关键职业信息。

4. 收集资料

索取企业的宣传资料，了解更多企业和岗位信息；记录关键信息，如招聘人员的联系方式、后续面试安排等；汇总和整理当天收集到的职业信息；与自己收集到的其他信息进行交叉比对。

（三）动态收集验证职业信息的优劣势

使用动态的方式验证和收集信息时效性强，能够及时获取最新的职业动态、招聘需求、行业趋势等信息。可以根据个人的具体问题和需求，与相关人员进行交流，获取量身定制的信息。能够获得关于职业的实际工作体验、职场文化等具体而深入的信息。

动态方式验证和收集信息的不足之处是，信息的准确性和可靠性参差不齐，个人的经验分享可能具有主观性和局限性，信息较为分散和零碎，需要花费更多的时间和精力去筛选和整合有用的信息，缺少系统性和全面性，难以像静态收集那样提供对职业的全面、系统的梳理。

专题实训

实践目标

在选择行业赛道之前，我们需要对行业现状有充分的了解，行业的发展将极大程度影响我们个人职业的发展。通过专题实训，运用已学过的知识，练习收集行业信息的步骤和方法。

实训步骤

1. 活动内容

思考自己未来感兴趣的职业方向，从行业到组织再到岗位，逐步聚焦，收集相关信息。

2. 活动小结

与课前思考进行对比，谈谈看，自己原本设想的职业方向是否有所变化。

> 实训过程

步骤一　收集行业信息

在这个阶段，你可以任意选择自己感兴趣的行业进行调研。

1. 这个行业当前处在行业生命周期中的什么阶段，这个阶段有什么特点（从规模、增速方面阐释）？

2. 目前这个行业集中在我国的哪个或哪几个城市？

3. 这个行业目前有哪些细分赛道？这些赛道各有什么特点？

步骤二　收集领军企业信息

请选择1~2家行业领军企业，登录企业网站，了解以下信息。

1. 该企业的总部以及各分公司分布在哪些城市，请写下来。

2. 这些城市中有你心仪的目标城市吗？如果有，是哪几个，请写下来。

3. 该企业提供的主要产品或服务是什么，请写下来。

4. 通过你的调研，你觉得该企业的组织文化是怎样的，你认同吗？说说你的理由。

5. 目前这个企业正在招聘的岗位有哪些，请写下来。

6. 在调研这个企业信息的过程中，你有什么意想不到的发现吗？

7. 如果你有机会参加这个企业的面试，有什么问题是你想在面试过程中和HR进一步澄清的。

步骤三　收集岗位信息

1. 请使用PLACE模型定义你心中的理想工作标准。

PLACE模型要素	你心中理想工作的标准
P-职位	
L-工作地点	
A-晋升机会	
C-雇用条件	
E-入职要求	

2. 请选择三个你准备调研的岗位，用PLACE模型，进行信息收集和比对，并填写下表。

PLACE模型要素	岗位1：_____	岗位2：_____	岗位3：_____
P-职位			
L-工作地点			
A-晋升机会			
C-雇用条件			
E-入职要求			

3. 确定目标岗位。将你的理想工作和三个调研结果对比，你最终倾向于哪个岗位，请写下来，目标岗位是：_____。

4. 从招聘网站上搜索目标岗位的招聘启事六份，认真阅读招聘要求，填写下表。

招聘信息	____企业____职位	____企业____职位	____企业____职位
工作职责			
能力要求			

招聘信息	____企业____职位	____企业____职位	____企业____职位
工作职责			
能力要求			

5. 提炼岗位核心能力。经过前面的资料收集，你对目标岗位的能力要求有了更多认识，现在请你将收集到的信息进行汇总整理，提炼出目标岗位所需要的能力素质，填写下表。

目标岗位	核心能力要求	证书要求	实践经验要求	工作内容	薪资待遇

6. 通过资料的收集和聚焦的岗位要求分析，现在你对目标岗位的认识有何变化？写下你的想法，可以是感受、未来的计划、当下的行动。

专题四
制订职业规划

学习目标

1. 掌握职业决策的思路和方法。
2. 能够初步进行职业抉择。
3. 学习如何确定职业目标。
4. 能够依据职业目标制订计划。
5. 思考自己的职业选择对社会的影响。

> **课前案例**

小刘该何去何从

小刘是一名法学专业的毕业生，因为对专业不感兴趣，大学期间未能通过司法考试，想要考公务员，无奈岗位竞争激烈，也未能成功。以为只要毕业就会有好工作等着自己的小刘，此刻觉得现实给了自己一记重锤。由于专业不对口、缺少职业目标、核心能力不突出等问题，小刘在简历投递和面试过程中屡屡受挫。最终仅凭借自己在学校实践活动的经历，就职了一家民营企业的行政助理岗位。然而这份工作过于烦琐和重复，缺少挑战性，小刘越做越焦虑，非常担心自己未来的职业发展。一次机缘巧合，通过内部转岗，小刘加入了销售部门。本以为职业发展迎来了曙光，然而，不久小刘便发现，这份需要察言观色、人情往来的职业并不适合自己。小刘不禁开始反思：自己到底要做什么？到底哪里有适合自己的机会？到底怎么定位职业，怎么规划职业，才能让未来的自己不后悔呢？

> **案例思考**

1. 你觉得小刘的问题出在哪里呢？
2. 如果你是小刘，你现在会怎么做呢？

> **课前自我思考**

在正式开始本专题的学习前，请你思考以下问题。

1. 通过前面专题的学习，你内心中有清晰的职业目标和定位了吗，可以写下来，越详细越好。

2. 你是在哪个时刻，通过什么方式确定自己的职业目标和定位的，请写下来。

3. 你想要通过什么方法、步骤达成这个目标,请写下来。

制订职业规划对于职业发展起着至关重要的方向指引作用。通过明确的职业目标,我们能够清晰地规划出职业路径,知晓从当下起点迈向理想终点的每一步该如何前行。它如同指南针一般,让我们在众多职业选择中不迷失方向,聚焦重点,将精力集中在与目标相关的知识、技能和经验的积累上。

追求职业目标的过程是实现自我价值的重要途径,这不仅是对个人能力的高度肯定,更是对职业理想的成功践行。在这个过程中我们不仅要学习新知识、掌握新技能,还要在不同的职业领域发挥自己的价值,为社会的稳定和发展贡献力量。

单元一 | 职业决策

诸葛亮在选择辅佐刘备之前,有很多其他选择。当时的局面曹操势力最为强大,刘备则相对式微。尽管如此,诸葛亮经过深思熟虑,最终选择了刘备。他在做出这一决策时考虑了以下几点。

(1)理念契合　诸葛亮有着"兴复汉室"的理想,而刘备也是以汉室宗亲的身份自居,两人的理念契合。

(2)发展空间　曹操和孙权手下已经有了很多谋士,诸葛亮在那里可能难以施展自己的才华。而刘备身边谋士较少,他有更多的机会发挥自己的才能。

(3)刘备的品质　诸葛亮看重刘备的仁德和求贤若渴的品质,认为他是一个可以信赖的主公。

由此可见,诸葛亮在作出自己的职业决策时有着充分的考量。既能够为"雇主"交付价值,也能够实现自己的职业理想,满足了自我的职业需要。

明智的职业选择是职业发展的基础,职业决策的工具可以帮助我们高效地做出职业选择。

一、什么是职业决策

职业决策是一个人在面临职业选择时,综合考虑各种因素,包括自身的兴趣、价值观、能力、性格特点,以及外部的职业机会、行业发展趋势、经济环境等,而做出关于职业目标、职业发展路径和职业选择的决定的过程。它不仅仅是简单地选择一份工作,而是涉及个人职业生涯的长期规划和战略思考。

职业决策具有以下几个特点。

(一)主观性

职业决策的主观性体现在它极大地依赖于个人的主观意识和感知。每个人都拥有独特的人生经历、教育背景、家庭环境以及性格特点,这些因素塑造了他们对职业世界的看法和期望。比如,对于工作中的成就感,不同的人有不同的定义和追求。有人觉得通过解决复杂的技术难题可以获得成就感,所以会倾向选择科研类工作;而另一些人则认为帮助他人解决问题、获得他人的感激能带来更大的满足,可能更愿意从事服务性行业。

（二）不确定性

未来的发展充满变数，这使得职业决策不可避免地带有不确定性。一方面，市场的波动、技术的革新、政策的调整等宏观因素都对职业前景产生巨大影响。以互联网行业为例，曾经蓬勃发展，吸引了大量人才。但随着市场竞争的加剧和技术更新换代的加速，一些细分领域可能迅速萎缩，导致从业人员面临失业或转型的压力。另一方面，个人的机遇也是难以预测的，有时一个偶然的机会，如参加某次行业会议结识了关键人物，或者意外获得一个重要项目的参与机会，都可能改变职业发展的轨迹。

（三）复杂性

职业决策需要综合考量众多相互关联的因素，这使得其过程极为复杂。

从个人内部因素来看，性格决定了一个人适合的工作类型和团队环境。兴趣则影响着工作的热情和投入程度。能力是能否胜任工作的关键。如果没有相应的专业技能和综合素质，即使对某个职业充满向往，也可能无法实现。

从外部因素来看，经济形势直接影响就业机会和薪资水平。在经济繁荣时期，就业市场活跃，选择余地大；经济衰退时，就业竞争激烈，职业发展受限。行业发展趋势也至关重要。某些传统行业可能逐渐式微，而新兴行业如人工智能、新能源等则充满机遇。家庭的期望和支持程度也会对职业决策产生影响。家人可能希望子女选择稳定、离家近的工作，这可能与个人的理想职业有所冲突。

（四）动态性

职业决策不是一成不变的，而是随着时间和环境的变化而不断调整和优化的动态过程。在职业生涯的初期，个人可能更注重通过实践积累工作经验、拓宽人脉、了解不同的工作领域，此时可能会选择一些基础性、综合性的工作岗位。随着经验的增长和技能的提升，职业目标可能会发生转变。外部环境的变化也会促使职业决策的调整。当行业竞争加剧、技术升级换代时，为了保持竞争力，可能需要学习新的知识和技能，甚至转换职业领域。例如，随着自动化技术的发展，一些制造业岗位被机器取代，相关从业人员可能需要重新学习编程等技能，转向与智能制造相关的工作。

（五）个体差异性

由于每个人的背景、经历、性格和价值观各不相同，职业决策也呈现出显著的个体差异。比如，同样面对一份需要经常出差的工作，有些人会因为喜欢旅行和体验不同的文化而欣然接受；而对于那些注重家庭和生活稳定性的人来说，可能会因为无法陪伴家人而拒绝。

在职业发展的追求上，有人渴望在职场上快速晋升，追求权力和地位；而有人则更注重工作与生活的平衡，更愿意在一份压力较小、能有更多时间陪伴家人和发展个人兴趣的工作中找到满足。

教育背景的差异也会导致职业决策的不同。拥有高学历和专业知识的人可能更倾向于选择研究型、技术型的高端职业；而学历较低但实践经验丰富的人可能更侧重于选择技能型、操作型的工作。

从职业决策的特点可以看出，职业决策是复杂而充满变化的，这也使得大学生在进行职业决策时，常常陷入误区。

二、常见的职业决策误区

（一）盲目追随潮流

在职业选择中，盲目跟风是一个常见但危险的误区。社会的发展和经济形势的变化会导致某些行业或职业在特定时期显得格外热门。比如，近年来人工智能和大数据领域的迅速崛起，吸引了大量求职者的目光。然而，如果一个人仅仅因为这些行业的表面繁荣就匆忙入职，而不深入思考自己是否对相关技术有兴趣，是否具备所需的专业知识和技能，那么很可能会在工作中遭遇挫折。

我们可以想象一位文科背景的毕业生，看到人工智能行业的高薪诱惑，决定转行学习相关技术。但由于缺乏数学和编程基础，学习过程异常艰难，即使勉强进入该行业，也可能因为无法胜任复杂的工作任务而感到压力巨大，最终影响职业发展。

（二）将薪资看成职业决策的唯一标准

将薪资作为职业决策的唯一或主要标准是初入职场的大学生容易踏入的误区。诚然，薪资是我们工作的重要回报之一，但它不应是唯一的考量因素。一份高薪工作可能伴随着高强度的工作压力、长时间的加班、恶劣的工作环境或者缺乏晋升空间等问题。

比如，我们都知道，在投资银行工作的人可能会获得高额的年薪，但他们可能需要每周工作超过80小时，长期处于高度紧张的状态，牺牲个人生活和健康。又或者，某些销售工作虽然提成丰厚，但可能需要频繁出差、应酬，且业绩压力巨大，如果个人不适应这种工作节奏和方式，仅仅因为薪资而选择，很容易产生职业倦怠。

（三）依赖他人决策

完全依赖他人来做职业决策会剥夺自己的自主性和决策权。家人、朋友和老师的意见固然可以作为参考，但他们并不完全了解你的内心想法、兴趣爱好和潜在能力。

现实中类似的例子比比皆是，例如：父母可能认为医生是一个稳定且受人尊敬的职业，强烈建议子女报考医学专业。然而，如果子女对医学毫无兴趣，甚至对血液和解剖感到恐惧，那么在学习和未来的工作中将会非常痛苦。朋友可能觉得创业很有前途，鼓励你一起投身创业项目，但如果你的性格较为保守，风险承受能力低，可能并不适合创业这条道路。

（四）短视决策

只关注眼前的利益而忽视长远的职业规划，可能会使自己陷入困境。比如，为了尽快获得一份工作，选择了一个没有培训和晋升机会的基层岗位，虽然暂时解决了就业问题，但随着时间的推移，个人的职业技能没有得到提升，当行业发生变化或者公司进行裁员时，就会发现自己在就业市场上缺乏竞争力。

再比如，选择了一个与自己专业和兴趣完全无关的临时工作，只是为了赚取一些收入，结果浪费了积累相关工作经验和建立职业人脉的宝贵时间，对未来的职业发展造成了不利影响。

（五）忽视自身能力和潜力

对自己的能力和潜力评估不准确，可能会导致职业选择的失误。如果过低地评估自己，可能会错过一些具有挑战性但能够充分发挥个人才能的机会。

比如，一个具有出色沟通和组织能力的人，却因为不自信而选择了一个普通的文员工作，没有充分发挥自己的优势，限制了职业发展的空间。相反，如果过高地估计自己的能力，选择了一个远远超出自己能力范围的职业，也可能会因为无法胜任而遭受挫折，从而产生自我怀疑和自我贬低，影响未来的职业发展。

（六）完美主义

追求完美的职业往往会导致决策的犹豫不决。现实中，没有一种职业能够满足所有的期望和要求。如果总是期待找到一个各方面都无可挑剔的工作，很可能会在不断的寻找中浪费时间，错过一些本来不错的机会。

比如，有人希望找到一份既高薪又轻松，既有发展前景又能满足个人兴趣，同时工作地点和团队氛围都十分理想的工作。但这样的完美职业几乎不存在，最终可能因为过于挑剔而一直处于失业状态。

（七）不了解市场需求

不关注市场需求的变化，选择了一个逐渐衰退的行业或职业，会面临就业困难和职业发展受限的问题。例如，一个学习传统印刷技术的人，如果不及时了解行业的数字化转型趋势，不学习新的技能，可能会发现毕业后很难找到对口的工作。相反，如果能够提前洞察市场需求，选择一个处于上升期的行业，如新能源、生物技术等，将会有更多的发展机会。

为了避免陷入职业决策的误区，提高职业决策的效率和效果，我们需要学习和了解科学的职业决策方法。

三、职业决策工具和方法

（一）平衡单法

卡茨职业决策理论认为，职业决策是一个连续的过程，包含输入、加工、输出三个阶段。个体在对自我和职业世界了解的基础上，运用各种方法和策略对信息进行分析和处理，最终做出职业决策并采取行动。对每一种选择，决策者要估计期望效用价值，然后挑选出具有最大期望效用价值的选项。

平衡单法（表4-1）就是基于卡茨职业决策理论的一种生涯决策技术，包括了四个方面的主题：个人物质方面的得失；个人精神方面的得失；他人物质方面的得失；他人精神方面的得失。在使用时具体步骤如下。

1. 列出需要考虑的因素

这些因素通常包括个人物质方面的得失（如收入、工作环境、福利等）、个人精神方面的得失（如成就感、兴趣满足、社会地位等），以及他人物质方面的得失（如对家庭经济的贡献等）、他人精神方面的得失（如家人的满意度等）。

2. 为每个因素赋予权重

根据个人对每个因素的重视程度，赋予1到5或1到10的权重，权重越高代表在个人心中这个因素越重要。例如，个人可能认为收入非常重要，赋予其10的权重；而工作地点的便利性相对不那么重要，赋予其1的权重。

3. 为每个职业选项在各因素上打分

判断不同职业选项的利弊，按照每个职业选项在各个因素上的表现进行评分。如果判断职业选项在某个因素上是有利的，则给予1到10的评分。如果判断职业选项在某个因素上是有弊的，则给予-1到-10的评分。例如，如果一个职业选项的收入很高，可以在经济这个因素上打8分；如果一个职业选项前期无法赚钱，可以在经济这个因素上打-6分。

4. 计算每个职业选项的加权得分

将每个职业选项在各因素上的得分乘以对应的权重，然后相加，得到每个选项的加权总分。

5. 比较加权总分

对各个职业选项的加权总分进行比较，得分较高的选项通常是更优的选择。

表4-1　决策平衡单样表举例

职业决策考虑因素		权重	考公务员		进律所		读研究生	
			利（+）	弊（-）	利（+）	弊（-）	利（+）	弊（-）
个人物质方面得失	收入	8	4（32）		7（56）			-6（-48）
	环境的安全	8	7（56）		5（40）		8（64）	
	休闲时间	5	6（30）			-2	6（30）	
	职业升迁机会	7	2（14）		7（49）		1（7）	
个人精神方面得失	成就感	7	2（14）		6（42）		7（49）	
	挑战性	6	4（24）		8（48）		7（42）	
	自我实现	8		-5（-40）	8（64）		8（64）	
他人物质方面得失	家庭经济	5	5（25）		5（25）			-6（-30）
	社会资源	7	6（42）		7（49）		4（28）	
他人精神方面得失	与家人相处时间	7	7（49）			-1（-7）	6（42）	
	家人期望	3	8（24）		6（18）		9（27）	
分数小计			51（310）	-5（-40）	59（391）	-1（-7）	56（353）	-12（-78）
合计分数			46（270）		58（384）		44（275）	

（二）SWOT分析法

SWOT分析法是一种用于评估个人或组织的优势（Strengths）、劣势（Weaknesses）、机会（Opportunities）和威胁（Threats）的工具。在职业决策中，SWOT分析法可以帮助我们全面了解自己和职业环境，从而做出更明智的决策。在使用时具体步骤如下。

1. 明确分析目标

确定要分析的职业目标或职业选择。

2. 分析优势

考虑个人技能、知识、经验、性格特点、教育背景、获得的证书或奖项等方面的优势。例如：出色的沟通和团队协作能力、拥有相关专业的学位、丰富的项目管理经验等。

3. 分析劣势

反思自己存在的不足和有待改进的地方，例如：缺乏某些特定的技术技能；决策时有时过于犹豫；不擅长处理高压工作环境。

4. 分析机会

关注外部环境中可能有助于职业发展的因素。比如：所在行业的新兴市场需求；公司内部的晋升机会；新的培训和学习资源。

5. 分析威胁

鉴别可能对职业发展产生不利影响的因素。例如：行业竞争激烈、技术变革导致某些技能过时、经济形势不稳定对就业的影响。

6. 制定策略

根据SWOT分析的结果，制定相应的策略（表4-2）。

（1）利用优势（SO）策略　充分发挥自身优势，抓住外部机会。比如：凭借出色的沟通能力争取参与重要的项目，以提升自己的职业地位。

（2）克服劣势（WO）策略　通过改进自身劣势，把握外部机会。例如：参加相关培训课程来弥补技术短板，从而获得晋升机会。

（3）应对威胁（ST）策略　利用自身优势，减轻外部威胁的影响。比如：利用丰富的经验在竞争激烈的市场中脱颖而出。

（4）减少劣势（WT）策略　减少自身劣势，规避外部威胁。比如：通过提升综合能力，降低因技术变革和经济不稳定带来的职业风险。

表4-2　职业生涯决策的SWOT分析模型举例

优势（Strengths）	劣势（Weaknesses）
我有什么优秀品质？ 我学习过、掌握了什么知识、技能？ 我曾经做过什么事情？ 我有哪些经验？	我有什么性格上的弱势？ 我在知识和技能上有什么待提升和改善之处？ 我有什么失败的经历？
机会（Opportunities）	威胁（Threats）
环境中有什么机会？ 行业中有什么机会？ 职业中有什么机会？ 组织中有什么机会？	环境中有什么阻碍和威胁？ 行业中有什么阻碍和威胁？ 职业中有什么阻碍和威胁？ 组织中有什么阻碍和威胁？

案例4-1

小李的 SWOT 分析

小李是一名统计学专业大三的学生，性格安静、沉稳、善于钻研，专业成绩名列前茅。经过对自我和市场的了解分析，小李锁定了数据分析师这个职业，并且利用了SWOT分析了自己当下的情况，从而确定了自己未来的策略。小李的SWOT分析（表4-3）如下。

表4-3 小李的SWOT分析

优势（Strengths）	劣势（Weaknesses）
1. 具备扎实的统计学知识，包括数据收集、整理、分析和解释的方法 2. 熟练掌握统计软件，如SPSS等 3. 逻辑思维能力较强，能够快速理清数据之间的关系 4. 对数字敏感，善于从大量数据中发现规律	1. 缺乏实际的商业项目数据分析经验 2. 编程能力有待提高，尤其在Python语言方面 3. 数据可视化能力较弱，难以将复杂的数据以清晰直观的方式呈现 4. 沟通表达能力一般，在向非技术人员解释数据分析结果时可能存在困难
机会（Opportunities）	威胁（Threats）
1. 大数据行业的快速发展，对数据分析师的需求持续增长 2. 所在学校与一些企业有合作项目，提供了实习和参与实际数据分析工作的机会 3. 在线学习资源丰富，可以随时学习新的数据分析技术和工具 4. 行业内有许多专业的交流会议和论坛，能够结识更多的同行和专家	1. 越来越多的人涌入数据分析领域，竞争日益激烈 2. 技术不断更新，需要不断投入时间和精力学习，否则容易落后 3. 企业对数据分析师的要求越来越高，不仅要求技术能力，还注重业务理解和问题解决能力

经过上述分析，小李为自己制订了以下几个提升方向。

1. SO策略

（1）利用扎实的统计学知识和软件操作技能，积极参与学校与企业的合作项目，积累实际项目经验。

（2）借助丰富的在线学习资源，深入学习最新的数据分析技术，保持技术优势。

2. WO策略

（1）报名参加Python编程课程，提升编程能力。

（2）学习数据可视化的相关知识和工具，如Tableau、PowerBI等，提高数据呈现效果。

（3）参加沟通表达方面的培训课程或活动，提升与他人交流和解释数据的能力。

（4）积极参加行业交流会议和论坛，向同行和专家请教，了解行业最新动态和需求。

3. ST策略

（1）凭借扎实的专业知识和较强的逻辑思维能力，在竞争中凸显自己解决复杂问题的能力。

（2）不断拓展自己的知识领域，将统计学与其他领域（如市场营销、金融等）相结合，提升综合竞争力。

4. WT策略

（1）制订系统的学习计划，定期学习新技术和新知识，缩小与竞争对手的差距。

（2）在校期间多参加与业务相关的项目，提高对业务的理解和问题解决能力。

（3）建立个人的数据分析作品集，展示自己的能力和成果，增加求职竞争力。

（三）CASVE循环

CASVE循环是职业生涯规划决策技术，包括五个阶段：沟通（Communication）、分析（Analysis）、综合（Synthesis）、评估（Valuing）和执行（Execution），CASVE就是这五个词的英文单词首字母。我们在整个职业生涯问题解决和决策制订过程中都可以运用这个方法（图4-1）。

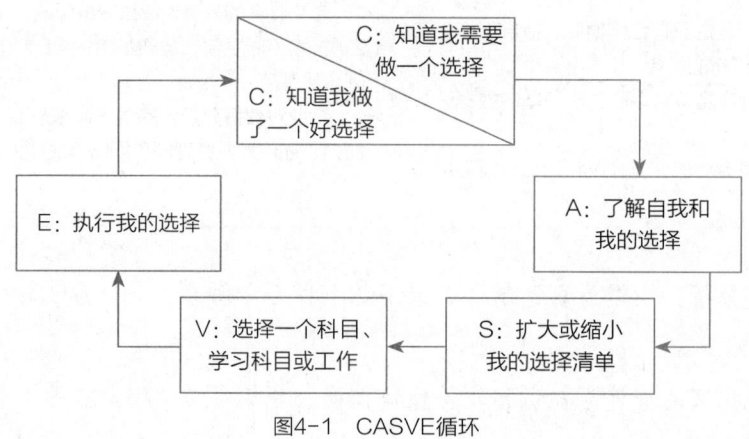

图4-1　CASVE循环

1. 沟通

在这个阶段我们接收到理想与现实之间的差距所传达出来的信息。这些信息会通过内部或外部途径传达给我们。这些信息可能包括来自自我内在的情绪信号（如不满、厌烦、焦虑和失望），或者来自外部交流后的信息，比如父母、同事、朋友或杂志文章的职业评价和建议。在这个阶段，我们要从认知和情感两个层面上充分地思考和感受问题。当我们完全意识到，这些沟通表明已经有问题或差距存在，就会促使我们开始分析问题、探究问题的成因。

2. 分析

在这一阶段，我们需要澄清自我职业需求和社会需求之间的差距，充分了解差距可以促使我们做出有效的反应。我们可以问自己一些问题。

（1）"要解决这个问题，我需要了解自己以及环境的哪些方面？"

（2）"我需要做些什么来解决这个问题？"

（3）"我为什么有这样的感受？"

（4）"我的重要他人如何看待我的选择？"

（5）"我的压力是从何而来的?"

作为一个决策者，我们要避免为了消除沟通阶段的紧张、痛苦体验而冲动行动。即不要仅仅简单地增加关于自我和选择的知识，而是尽可能多地了解所有帮助我们改善自我和解决生涯问题的工具、知识和资源。

3. 综合

在综合阶段，我们要综合和加工前一阶段提供的信息，制订消除差距的行动方案。这是一个扩大或缩小选项的过程。这里存在着两个子阶段：综合细化和综合结晶化。

在综合细化阶段我们要尽可能地扩展问题解决方案的清单，发散性地思考每个方法的可能性。比如：列出符合价值观、兴趣和技能的所有可能的职业、专业和工作。

综合结晶化是第二个子阶段。这个时候，我们会把选择清单缩减到更少的数量，通常保留3~5个选项。为了缩减备选项目，我们要回到分析阶段的结果上，从中选出合适的选项，这些选项要能够消除沟通阶段所找出的差距。

4. 评估

在评估阶段，我们要对综合阶段得出的选项进行评估。评估也是分两个阶段进行。第一阶段评估每种选项对个人和生活中重要他人的影响。第二阶段对我们列出的选项进行排序，能够最好地消除沟通阶段所确定的存在于现实与理想状态之间差距的哪个选项可以排在第一位，依照这样的逻辑，依次排序其他的选项。在评估的时候我们需要有一个初步的评估标准，例如：通过假定的选择方式，详细列出不同选择的目标、工作地区、待遇水平、提升空间、工作环境、企业文化、所处行业等对自我具有重要影响的项目，逐一评价，再综合排序。

5. 执行

这是实施选择的阶段，在这个阶段要把思考转换为行动。制订行动计划，并采取积极行动去实现前面的选择。同时，我们还要对选择进行监督和调整，以确保我们的行动对职业发展是有帮助的。

> 💡 小贴士
>
> **CASVE循环制定决策指南**
>
> C：知道自己需要做一个选择
> 1. 发生在我身上的事：我需要在毕业前拿到一份工作的Offer。
> 2. 来自朋友和亲友的想法：我的亲友认为，如果我不能确定工作，他们可以给我一些建议。

3. 我的感受：我很害怕为自己做出生活的选择。

4. 身体问题：为了工作这件事，我心烦意乱。

A：了解我自己和我的选择

1. 了解我自己：我的价值观、兴趣、能力等。

2. 了解职业、学习项目或工作：了解具体的职业、学习项目或工作的内容、如何组织、如何去做。

S：扩大或缩小自己的职业、学习项目或者工作列表

1. 找出适合自己价值观、兴趣和技能的职业、学习项目或者工作。

2. 选择3~5种职业、学习项目或工作。

V：选择一个职业、学习项目或工作

1. 每个职业、学习项目或工作对于我自己、我的家庭、我的朋友等的付出和收益。

2. 对职业、学习项目或工作进行等级排序。

E：作出选择

1. 作出首要选择和后备选择。

2. 执行我的选择。

3. 执行之后我的感受如何。

4. 执行之后结果符合我的预期吗。

案例4-2

小于的 CASVE 循环分析

小于是一名普通本科院校市场营销专业的大学生。在大学期间，她加入了文学社，与同学们切磋文字撰写技艺，展现出了一定的文字功底。此外，她还在学生会的宣传部工作过，参与过学校活动的策划和宣传文案的撰写，这让她积累了一些初步的实践经验。在专业学习的过程中，小于发现自己面对与销售相关的课程和实践任务时，感到有些力不从心。

毕业之际，小于在工作的选择的问题上陷入了迷茫，不确定自己到底想从事什么样的工作。为此她采取了以下行动。

沟通阶段：小于不确定自己到底想从事什么样的工作。和同学交流时，她发现大家都陆续有了明确的工作方向，这让她意识到自己需要尽快做出职业决策。在此期间她获

得了一份销售类的实习工作，在实习的过程中她发觉自己常常在面对陌生人时手足无措、大脑一片空白，这让她更加确定，自己未来的职业选择需要尽可能减少和陌生人的接触。

分析阶段：小于开始静下心来分析自己的情况。她回顾自己大学期间的经历，发现自己对写作和创意类的工作比较感兴趣，而且在社团活动中负责过文案撰写和活动策划，表现不错。她也分析了自己的性格特点，觉得自己比较细心、有耐心，能够专注于细节。同时，她研究了当前的就业市场，了解到新媒体行业发展迅速，对文案编辑和内容创作人才有一定的需求。

综合阶段：基于分析的结果，小于综合考虑了各种可能性。她列出了几个可能的职业方向，如新媒体编辑、广告文案策划、公关专员等。然后，她进一步了解了这些职业的具体工作内容和要求，以及所需的技能和知识。

评估阶段：对于列出的职业选项，小于进行了仔细的评估。她考虑了每个职业的发展前景、薪资待遇、工作压力以及与自己兴趣和能力的匹配度。经过深思熟虑，她认为新媒体编辑这个职业既能满足她对写作和创意的追求，又有较好的发展空间，而且与她目前的能力也较为匹配。

执行阶段：确定选择新媒体编辑这个职业后，小于制订了详细的行动计划。她开始完善自己的简历，突出与写作和创意相关的经历和作品。她在各大招聘网站上搜索新媒体编辑的岗位，并根据不同公司的要求有针对性地投递简历。同时，她还利用业余时间学习与新媒体相关的知识和技能，提升自己的竞争力。

没有一种职业决策工具是完美，正如没有一份工作可以满足我们的所有需要。在进行职业决策时，我们可以综合运用不同的工具，同时也要理性客观地看待决策结果和个人需要之间的差距。随着外部环境和自身状态的变化，不断监控和适时调整我们的职业决策。

案例4-3

院士的职业抉择

现实生活中有千千万万为理想与责任而坚守初心的科技工作者，比如被授予"人民英雄"的陈薇院士。陈薇院士的职业抉择充满了传奇色彩。

1991年，还在清华读研的陈薇，在导师的推荐下去军事医学科学院取实验材料。这次经历让她深刻认识到军科院工作的重要意义，于是她毅然舍弃了深圳的高薪工作，投身军旅，坚定地选择了抗病毒药物研究这一方向。

在国家面临重大疫情挑战时，陈薇总是临危受命。2003年非典疫情肆虐，陈薇带领团队深入广州一线采集样本，成功研制出重组人干扰素ω，为抗击非典立下汗马功劳。2014年，埃博拉疫情在西非大规模暴发，陈薇再次挺身而出，带领团队深入疫区，研发出全球首个获批新药证书的埃博拉疫苗。2020年，新冠肺炎疫情来袭，陈薇又一次临危担当，带领团队全力研发新冠疫苗。

陈薇院士长期从事生物防御新型疫苗和生物新药研究，主持建成创新体系和转化基地，成功研发中国军队首个病毒防治生物新药、中国首个国家战略储备重组疫苗和全球首个新基因型埃博拉疫苗。2014～2015年西非埃博拉疫情期间，率队赴非洲疫区完成埃博拉疫苗临床试验，是第一个在境外开展临床研究的中国疫苗。陈薇历经阻击非典、汶川救灾、奥运安保、援非抗埃等重大任务历练，带出一支学科交叉、拼搏奉献的生物防御队伍，2018年获军队科技创新群体奖。2020年8月国家主席习近平签署主席令，授予陈薇"人民英雄"国家荣誉称号。

陈薇院士的每一次职业抉择，都彰显着她的爱国之心、科研热忱与无私奉献，她为保障国家和人民的健康安全，作出了不可磨灭的巨大贡献。在陈薇看来，一个人的职业选择如果能与国家需要相结合，个人价值就会成倍放大。在数十年如一日的不懈冲锋中，这位巾帼英雄带领团队为国为民铸就生物安全防控坚盾，实现了个人价值的一次次放大。

单元二 ┃ 拟定目标和行动计划

一、职业目标设定

职业目标是个人在职业生涯中期望达到的具体成果和位置，它为个人的职业发展提供了明确的方向和重点。设定明确且合理的职业目标有助于个人做出更有针对性的职业决策，合理分配时间和精力，充分发挥自身的优势，克服困难和挑战，从而实现职业的成功和个人的成长。这里介绍利用OKR设定职业目标。

1. 什么是OKR

OKR即Objectives and Key Results，中文意思是目标与关键成果法。20世纪70年代，英特尔的创始人安迪·葛洛夫发明了这一方法，用于管理公司的目标和绩效。后来，约翰·杜尔将OKR引入谷歌，并在谷歌取得了巨大的成功。现在，OKR这种管理方法逐渐被更多国内知名企业和组织所了解和采用，其中包括小米、腾讯、字节跳动、阿里巴巴等。

"O"即Objectives（目标）：具有挑战性和定性的意图描述，表明要达成什么，回答的是"想要完成什么"。目标应该是鼓舞人心且能够清晰地表达组织或个人的方向。

"KR"即Key Results（关键成果）：是定量的指标，用于衡量目标的达成情况，回答的是"我如何知道自己是否达成了目标"。

OKR的主要特点和优势包括以下方面。

（1）聚焦重点　帮助组织和个人明确最重要的目标，避免精力分散。

（2）促进协作　使团队成员清晰了解彼此的工作重点，便于协同合作。

（3）激发潜能　鼓励设定具有挑战性的目标，激发员工的创造力和积极性。

基于OKR的特点和优势，个体在制定职业目标时也可以运用这种方法。

2. 运用OKR设定职业目标的步骤

（1）设定目标

在开始设定职业目标之前，进行深入的自我反思是至关重要的。这需要我们静下心来，回顾自己过去的职业经历，分析其中的成功与失败、优势与不足。同时，思考对未来职业的期望和愿景，是追求更高的职位、更广泛的专业影响力，还是希望在特定领域取得突破性的成果？明确自己长期渴望实现的职业梦想，比如成为行业专家、创立自己的公司或者领导一个大型团队。

（2）确定关键结果

当明确了职业目标后，接下来要将其分解为具体的、可衡量的关键结果。这就像是将一座大山分解成一个个可以攀登的小山峰。也相当于将一个大的目标切分成一个个小的目标。比如，如果职业目标是"在半年内成为团队中的核心成员"，那么可以分解为以下关键结果。

第一个关键结果可以是"在本季度内在重要项目中承担关键角色，并获得团队成员的高度评价"。为了实现这个关键结果，需要积极争取参与重要项目，并在其中发挥关键作用，展现出卓越的能力和价值。

第二个关键结果可以是"两个月内掌握一项新的核心技能，在实际工作中应用并取得显著成果"。这意味着我们需要明确要学习的具体技能，制订详细的学习计划，并在工作中积极寻找应用的机会，通过实际成果来证明自己的能力提升。

第三个关键结果可以是"三个月内成功完成两个复杂任务，且效率比之前提高30%"。这要求我们精心规划任务执行过程，合理分配资源，采用高效的工作方法，以达到效率提升的目标。

（3）制订行动计划

确定了关键结果后，就需要为每个关键结果制订详细的行动计划。将每个关键结果进一步分解为具体的任务和活动，并为它们安排合理的时间顺序。

例如，对于"在本季度内在重要项目中承担关键角色，并获得团队成员的高度评价"这个关键结果，行动计划可能包括：在第一周与项目经理沟通，表达自己参与项目的意愿和能力；在第二周深入研究项目需求和相关资料，为项目开展做好充分准备；在项目执行过程中，每周定期与团队成员进行沟通和协作，确保项目顺利推进；在项目结束时，主动收集团队成员的反馈，总结经验教训。

对于"两个月内掌握一项新的核心技能，在实际工作中应用并取得显著成果"这个关键结果，行动计划可能是：在第一个月的前两周选择学习资源，如在线课程、专业书籍等；接下来的两周每天安排至少2小时的学习时间；在第二个月的第一周开始在实际工作中尝试应用所学技能，并在第二周向同事和上级请教，获取改进建议。

对于"三个月内成功完成两个复杂任务，且效率比之前提高30%"这个关键结果，行动计划可能是：在第一个月确定两个复杂任务的具体内容和要求，制订详细的任务计划；在第二个月按照计划执行任务，每两周进行一次进度检查和调整；在第三个月集中精力完成任务，并对完成情况进行评估和总结。

(4)定期评估与反馈

设定好评估周期是非常重要的,这可以帮助个人及时了解自己的进展情况,并根据需要进行调整。评估周期可以是每周、每两周或每月,具体取决于目标和任务的性质。在进行评估时,将实际完成的情况与设定的关键结果进行对比。根据分析的结果,对行动计划进行调整和优化。如果是行动计划不合理,那么需要重新规划任务的顺序和时间安排;如果是遇到了困难,那么需要思考如何克服这些困难,是否需要寻求他人的帮助;如果是努力不够,那么需要给自己更多的动力和约束。

通过定期的评估与反馈,可以及时发现问题,调整策略,确保职业目标始终在正确的轨道上。

(5)总结与反思

在每个目标周期结束时,进行全面的总结和反思。回顾整个过程中所采取的行动、取得的成果以及遇到的问题。思考哪些方面做得好,哪些方面需要改进。总结成功的经验和失败的教训,这些都将成为未来职业发展的宝贵财富。

3. 目标设定原则

不论是设置目标,还是设置关键结果,都需要符合SMART原则,即:目标必须具有具体性(Specific)、可衡量性(Measurable)、可实现性(Attainable)、相关性(Relevant)和有时限性(Time-bound)的。这一原则有助于确保目标清晰、明确且可行。

(1)具体性 在设定目标时,具体性是至关重要的。一个具体的目标能够清晰地描绘出您想要达到的最终状态,避免了模糊和不确定性。如果目标表述过于笼统,如"提高工作效率",行动时将很难确定从何处着手以及如何衡量进展。相反,像"在本季度将项目完成时间缩短20%"这样具体的目标,明确指出了需要改进的方向是缩短项目完成时间,并且给出了具体的缩短比例。这使得您能够制订针对性的行动计划,例如优化工作流程、合理分配资源或减少不必要的环节,从而更有效地朝着目标前进。

(2)可衡量性 可衡量性是目标设定中的关键因素。只有能够用具体的标准和数据来评估目标的达成情况,才能清楚地知道自己是否在正确的轨道上。如果目标只是"增加客户满意度",就无法确切地知道自己距离目标还有多远,也就难以判断所采取的行动是否有效。然而,当目标被设定为"将客户满意度从70%提升至85%"时,可以通过定期的客户调查、评分系统或反馈收集来获取具体的数据,从而直观地了解满意度的变化情况。这种可衡量性不仅有助于您跟踪进展,还能让您在未达到目标时及时调整策略,以确保最终实现目标。

(3)可实现性 目标的可实现性对于保持积极性和动力至关重要。如果设定的目标过高,远远超出了能力范围和现有资源,那么很可能在努力的过程中感到沮丧和无望,最终放弃努力。相反，如果目标过低，轻易就能达成，那么它无法充分激发潜力，也不能带来实质性的成长和进步。因此，在设定目标时，需要充分考虑自身的能力、技能、时间和资源，确保目标具有一定的挑战性，但通过努力和合理的规划是可以实现的。例如，如果目前每天只能阅读10页书籍，那么将目标设定为"每天阅读100页书籍"可能不太现实，而"每天阅读20页书籍，并逐步增加"则更有可能实现。

（4）相关性　相关性要求目标与个人的整体目标、愿景、职责以及其他相关目标保持一致。一个与整体方向不相关的目标可能会分散精力和资源，无法带来实际的价值。例如，对于一个销售团队成员来说，"学习编程"这个目标可能与销售工作的核心职责和团队的销售目标没有直接关系。相反，"在本季度将销售额提高15%"这样的目标与销售工作紧密相关，并且有助于实现团队和组织的业绩目标。确保目标的相关性能够使您的努力更有针对性，为个人和组织的发展作出积极贡献。

（5）有时限性　为目标设定明确的时间限制能够创造紧迫感，促使个体合理安排时间和资源，提高工作效率。如果没有时间框架，目标可能会被无限期地拖延，失去其应有的激励作用。例如，"在今年年底前完成新产品的市场推广计划"这个目标明确了截止日期，可以据此制订详细的时间表，将大目标分解为阶段性的小目标，并按照时间节点逐步推进。有时限的目标还便于您进行定期的回顾和评估，及时发现问题并采取纠正措施，确保在规定的时间内达成目标。

案例4-4

擦肩而过的机会

2021年3月，在一次大型招聘会上，毕业于某名牌高校的小何向一家知名汽车公司申请了一个机械工程师的岗位。他学的是机械专业，在上学期间，各门功课都很优秀，从这个角度上来讲，小河成功应聘这家公司的机会很大。但是，在毕业后五六年的时间里，他从事过医药、空调、摩托车等产品的销售和主管工作，虽然工作经验丰富，但是缺少机械方面的工作经验。招聘者看了他的情况后遗憾地表示，如果他毕业后从事过机械方面的工作，那么，他会是公司最需要的人才，但是，由于他缺乏这方面的工作经验，因此，公司无法录用他。

一艘没有方向的船，任何方向吹来的风都是逆风。合理的职业生涯规划，就好像一艘船有了航行方向。有了职业发展目标之后，我们便可以采取切实可行的措施，不断增强自身的职业竞争力和素质，从而在激烈的竞争环境中脱颖而出，抓住成功的机会，最终实现自己的职业理想。

二、设定行动计划

在确定OKR之后，可以根据关键结果设定行动计划。通常针对一个目标，会产生多个关键结果，每一个关键结果可以配备多个行动，以确保达成。目标、关键结果和行动之间的关系如图4-2所示。

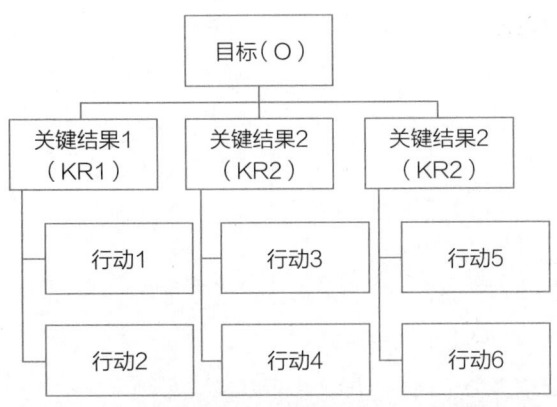

图4-2　目标-关键结果-行动（OKR）分解图

在实践过程中需要经历以下步骤。

1. 根据自己的职业愿景，制订职业目标。在制订目标时要符合SMART原则。

2. 将整体目标拆解成关键结果，这也相当于将一个长期或宏大的目标拆解成短期、细致的目标。

3. 为了达成关键结果，制订行动计划。在制订行动计划时需要遵循以下原则。

（1）现实性和可行性　确保行动计划是基于当前的资源、能力和实际情况制订的。避免设定过于理想化或超出您能力范围的行动，否则可能导致计划无法实施或半途而废。

（2）灵活性　职业发展中往往会遇到各种意想不到的变化和机会，计划应具有一定的灵活性，能够根据新的情况和信息进行调整和优化。

（3）明确的步骤和时间表　将每个行动分解为具体的、可操作的步骤，并为每个步骤设定明确的时间节点。这有助于提高执行效率，避免拖延。

（4）资源需求评估　考虑实施行动所需的人力、物力、财力等资源，并确保您能够获取或合理分配这些资源。如果资源不足，需要提前寻找解决方案。

（5）风险评估与应对　预测可能出现的风险和障碍，例如竞争压力、个人健康问题等，并制定相应的应对策略，以减少它们对计划的影响。

（6）平衡与协调　注意行动之间的平衡和协调，避免过度专注于某一方面而忽视了其他重要因素。例如，在学习新技能的同时，也要保持工作业绩和人际关系的良好发展。

（7）持续监督与反馈　建立监督机制，定期检查计划的执行情况，及时获取反馈信息。根据反馈，及时发现问题并进行改进。

（8）激励自己　在计划中设置一些阶段性的奖励，以激励自己保持动力和积极性，克服可能出现的困难和挫折。

单元三 ┃ 打造职业发展曲线

职业是一个人生存的基础，也是实现自我价值的平台，因此，职业发展是贯穿人一生的活动，这中间必然会经历起伏波动。

一、职业发展 S 形曲线

职业发展的S形曲线（图4-3）理论认为，一个人的职业发展通常会经历一个类似S形的过程。在职业发展的初期，个人通常处于学习和积累阶段，成长速度相对较慢，这是S形曲线的起始平缓部分。随着经验的增加、技能的提升和人脉的积累，个人会迎来快速成长的阶段，职业发展速度加快，这对应着S形曲线的上升陡峭部分。当达到一定程度后，职业发展可能会进入平台期，增长速度逐渐放缓，甚至可能出现停滞，这是S形曲线的顶部平缓部分。此时，如果想要继续实现职业的突破和发展，可能需要寻求新的机会、学习新的技能或转换职业方向，从而开启新的S形曲线。

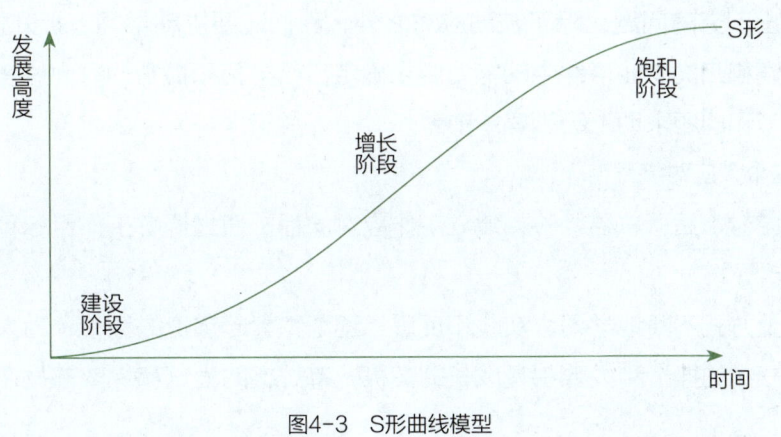

图4-3　S形曲线模型

二、构建职业发展的 S 形曲线

（一）起步期（缓慢上升阶段）

在职业发展的起步阶段，个人如同在迷雾中摸索前行，面临着诸多不确定性和困难。这是一个从无到有的积累过程，每一步都充满了挑战和艰辛。

经验的极度缺乏意味着在处理工作时常常会感到力不从心。因为不了解工作的流程和规范，可能会出现操作失误、效率低下等问题。对于复杂的任务，可能会感到无从下手，需要不断地请教他人或者查阅资料来获取指导。

技能的不成熟会限制个人在工作中的表现。比如，在需要沟通协调的工作中，可能会因为表达能力不足或者沟通技巧欠缺，导致信息传递不准确，影响工作进度和效果。在需要专业技术的岗位上，可能由于技术掌握不熟练，无法达到工作要求的标准。

知识的欠缺会进一步加大工作的难度。如果对行业的核心知识和前沿动态缺乏了解，就难以做出准确的判断和决策，无法为工作提供有力的支持。

而且，在建立人际关系方面，由于彼此还不熟悉，可能会存在沟通障碍和信任缺失的情况。这不仅会影响工作中的合作效率，还可能错过一些潜在的发展机会。

在这个阶段，虽然困难重重，但仍然有一些方法协助我们缩短适应周期。

1. 主动思考

学生时代我们习惯准备好了再行动。进入职场，新问题新困难层出不穷，我们常常来不及准备就要应对，这要求我们遇到困难和问题先思考：问题是怎么发生的，可以通过哪些方式解决或缓解问题，需要哪些资源或者支持。

2. 主动学习

面对层出不穷的问题，除了被动应对之外，我们还要主动学习，提升技能和经验。可以通过观察和归类职业事件中的能力要求确定自己学习和提升的方向。在主动学习之后，带着思考和问题求助上级领导或前辈。

3. 建立个人应对流程

尝试在应对之后，总结经验，建立工作应对流程。通过拆解工作目标和事项确定行动方案。

通过以上方式不断地学习、实践和反思，逐渐积累起宝贵的经验，为未来的发展奠定基础。每一次的挫折和失败都是成长的契机，每一次的尝试和探索都是在为未来的成功积累能量。

（二）成长期（快速上升阶段）

当个人在职业领域积累了一定的经验和技能后，便进入了快速成长的黄金阶段。此时，之前的积累开始发挥作用，个人的能力得到了显著的提升。

随着经验的不断丰富，处理工作变得更加熟练和高效。能够迅速洞察问题的关键所在，并采取有效的解决措施。面对复杂多变的工作场景，也能够凭借以往的经验做出合理的判断和决策。

技能的提升为个人打开了更多的发展机会之门。新掌握的技能使个人能够承担更具挑战性的任务，展现出更高的价值。这不仅能够提升个人在团队中的地位，还可能吸引到更多外部的关注和机会。

为了抓住职业黄金期，可以从以下三个方面入手。

1. 主动迎接挑战

能力需要用工作任务来呈现，工作任务的完成会带来更多的上升机会。所以主动迎接挑战意味着得到更多能力展示和提升的机会。大多数没有获得职业成长的职场人，是因为怯于挑战，羞于犯错，停留在自己的工作舒适区之内。

2. 拓展职业资源

职业资源影响着职场中的发展，也决定了获得机会的可能性。如果在职业的初期勇于接受挑战，并且取得一定的工作成果，比较容易得到领导和同事的认可，也就顺理成章地为自己获得更多的职业资源。除了通过凸显工作成果获得人脉资源外，在这个阶段也可以选择主动出击，主动与同事交流，积极参加团队活动，和上级领导保持沟通，及时反馈工作进展；也可以参加行业讲座和论坛，在活动中发言或者提问，增加曝光度，吸引潜在的合作机会。

3. 精进职业技能

拥有出色的职业技能能够使我们在众多求职者和同行中脱颖而出。具备更高超、更独特的技能，能增加获得理想工作机会和晋升的可能性。不断提升自己的能力，能够应对各种工作挑战时，会对自己的职业能力更有信心，从而在工作中表现得更加从容和出色。精进职业技能有多种渠道和方式。

（1）参加培训课程　报名参加由专业机构或公司内部组织的线下线上培训课程，接受系统的教学和指导。

（2）考取相关证书　确定与职业相关的证书，如职业资格证书、专业认证等，通过备考系统学习并证明自己的能力。

（3）阅读专业书籍和文献　定期阅读行业内的权威书籍，深入了解理论知识和最佳实践。关注学术期刊和研究报告，掌握最新的研究成果和行业动态。

（4）实践操作　在工作中积极主动地承担更多的任务，通过实际操作来巩固和提升技能。参与模拟项目或案例分析，锻炼解决实际问题的能力。

（5）参与项目团队　加入跨部门或跨领域的项目团队，与不同背景的人员合作，拓宽视野，学习新的技能和方法。

(三)成熟期(平稳或缓慢上升阶段)

在经历了快速成长的阶段后,职业发展可能会进入一个相对稳定的成熟期。在这个阶段,发展的速度可能会放缓,甚至可能会出现一些停滞或下滑的迹象。

一方面,当个人在某个职位上达到了一定的高度,晋升的机会可能会变得有限。因为高层职位的数量通常较少,竞争也更加激烈。而且,组织内部的结构和规则可能会限制个人的进一步上升空间。

另一方面,行业竞争的加剧可能会给个人带来更大的压力。随着市场的饱和和技术的更新换代,保持原有的优势变得越来越困难。新的竞争对手不断涌现,可能会对个人的地位和发展产生威胁。

此外,工作内容的长期固定容易导致个人产生职业倦怠感。缺乏新鲜感和挑战性的工作可能会让人失去激情和创造力,工作变成了一种机械的重复,难以获得新的成就感。

然而,成熟期并非意味着职业发展的终结。保持积极进取的心态,不断寻求突破和创新,仍然有可能找到新的发展机遇。通过学习新的知识和技能,拓展业务领域,或者进行职业转型,开辟新的职业发展道路,实现职业的再次腾飞。

在职业曲线发展过程中,我们有机会探索、感受、挖掘、发现自己的兴趣。通过在职业曲线中的摸索和持续不断的学习,我们有机会找到自己感兴趣的职业,并且有可能以自身技能和兴趣作为延伸,拓展新的S形曲线。这个时候我们会获得职业发展的双S形曲线(图4-4)。

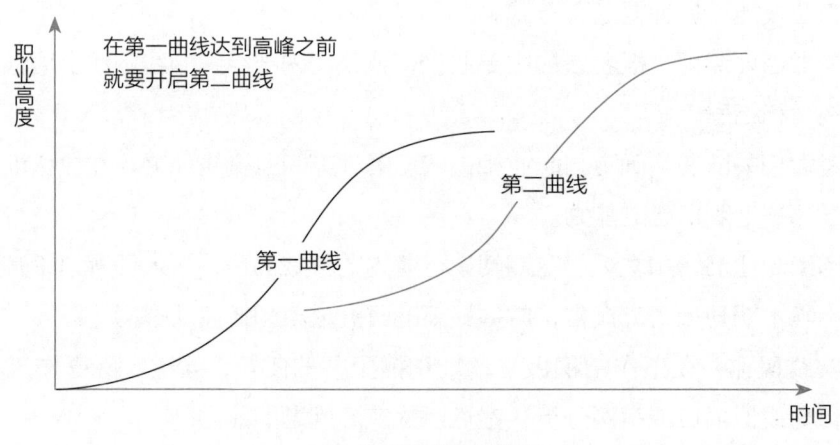

图4-4 双S形曲线模型

三、构建职业发展第二 S 形曲线

有了前一个S形曲线的准备,此刻的我们对职业和自我都有了更多的理解。也具备了一定的能力和经验。通常第二S形曲线会经历以下几个阶段。

(一)第二S形曲线起步期(缓慢上升阶段)

在第二S形曲线的起步期往往与第一S形曲线的成熟期在时间上是重叠的。我们踏入一个新的领域,为了初步了解这个新领域,个体需要积极主动地寻求各种途径来获取信息。我们可以采取第一S形曲线成长期中的方法来获取信息和资源,提升个人的能力。在这个阶段,虽然只是浅尝辄止地接触新领域的表面,但每一次的探索都是在为后续的深入学习奠定基础。

面对大量需要掌握的信息和复杂的技能体系,一些人可能会感到应接不暇,需要投入大量的时间和精力,甚至可能需要牺牲休闲和娱乐的时间。每天都要花费数小时阅读专业文献、观看教学视频、进行实践操作练习。然而,随着坚持不懈的努力,逐渐能够掌握一些基础的理论知识和实践方法,开始理解新领域的基本原理和运作机制,能够进行一些简单的操作和应用。但这仅仅是个开始,仍需要不断地深化和巩固所学,为后续的实践做好充分准备。

(二)第二S形曲线成长期(快速上升阶段)

经过一段时间在实践中的摸爬滚打,终于迎来了第二S形曲线的成长期。在这个阶段,之前的积累开始产生明显的效果。

通过持续的努力和不断的尝试,开始在新领域取得一些成果。可能是完成了一个重要的项目,获得了客户的高度认可;也可能是研发出了一项创新的解决方案,为公司带来了显著的效益。

同时,一些人在这个过程中有可能发现了自己独特的价值和优势。也许是对某个细分领域有着特别的洞察力,或者是拥有一种独特的解决问题的方法。凭借这些独特之处,实现了在新领域的突破,从众多同行中脱颖而出。

(三)第二S形曲线成熟期(平稳或缓慢上升阶段)

随着经验的日益丰富和能力的不断提升,逐渐进入稳定发展期。在这个阶段,在新领域的发展态势趋于平稳和成熟。

一些人能够熟练应对各种工作任务,高效地创造价值。凭借过去的积累和成功经验,在行业内建立了良好的声誉和地位。与同行、客户和合作伙伴之间建立了稳定的合作关系,形成了自己的人脉网络。

但稳定并不意味着停滞不前，仍然需要持续学习和创新，紧跟行业的发展趋势，不断优化自己的工作方式和方法，以保持在新领域的竞争力，进一步巩固和拓展自己的职业发展空间。

案例4-5

小苏的音乐双S形曲线之旅

小苏成功考入了一所著名的音乐学院。在这个传统而专业的平台上，他如鱼得水般地投入音乐的学习中。在音乐学院的日子里，小苏每天都沉浸在音乐的世界中。他勤奋地练习各种乐器的演奏技巧，从古典吉他的细腻弹奏到爵士鼓的激情演奏，他都力求做到完美。同时，他深入学习音乐理论，包括和声、曲式分析、音乐史等，不断拓宽自己的音乐视野。博士毕业后，小苏在音乐学院留任。

然而，随着时间的推移，小苏开始意识到学院的局限性。虽然学院给予了他扎实的音乐基础和专业的训练，但他渴望更广阔的舞台和新的挑战，内心涌动着对更大音乐世界的向往。

于是，小苏毅然决然地离开了音乐学院这个舒适区，勇敢地踏入了音乐制作行业的新兴领域。他加入了一家知名的音乐制作公司，这一决策标志着他职业生涯的重要转折点。

在这家公司，小苏仿佛打开了一扇全新的音乐之门。他接触到了最前沿的音乐制作技术和理念，与一群充满创意和激情的音乐制作人一起工作。小苏敏锐地捕捉到了音乐市场的新趋势，他发现现在听众对音乐的需求更加多元化和个性化。

凭借着扎实的音乐功底和创新的音乐思维，小苏成功参与制作了一首热门的流行歌曲。在歌曲制作过程中，小苏从旋律的创作到编曲的设计，都倾注了大量的心血。他深入研究不同音乐风格的融合，将流行、摇滚、电子等元素巧妙地结合在一起，创造出了独特的音乐风格。

热门歌曲的成功让小苏成了音乐行业的焦点人物。然而，小苏并没有满足于眼前的成就。他渴望拥有更大的创作自由和发展空间，于是决定创立自己的音乐工作室。

在工作室，小苏充分发挥自己的创意和领导力。他聚集了一批志同道合的音乐人才，包括优秀的作曲家、编曲师、歌手和录音师等。他们共同努力，致力于打造具有创新性和影响力的音乐作品。小苏推出了一系列备受欢迎的音乐作品，如一张融合了多种音乐元素的专辑。在这张专辑的制作中，小苏深入挖掘不同音乐风格的特点，他带领团队进行广泛的音乐调研,从世界各地的音乐文化中汲取灵感。

从音乐学院到音乐制作公司,再到创立自己的工作室,小苏的职业发展如同一条不断上升的双S形曲线。他始终保持着对音乐的热爱和对创新的追求,不断突破自我,实现了职业生涯的华丽转身。

专题实训

实践目标

进行到这里,我们已经越来越接近一个完整的职业规划了。在这个章节的专题实训里,我们需要完成从职业决策到行动计划制订的全部内容,获得一个可以落地执行的未来计划。

实训步骤

1. 活动内容

根据对自身和职业世界的了解,选择三个目标岗位进行比较,确定目标职业后,制订行动计划。

2. 活动小结

与课前扫描进行对比,谈谈看,自己原本设想的职业目标和行动有所变化吗?

实训过程

步骤一　用不同的职业决策工具和方法进行职业决策

1. 通过前期的自我探索和职业世界信息的收集,目前你可能已经有不止一个职业方向,请写下你的职业方向,可以根据个人情况写下2~4个。

2. 运用平衡单法对这些职业选项进行评估和决策

平衡单法样表

职业决策考虑因素		权重	职业1_____		职业2_____		职业3_____	
			利（+）	弊（-）	利（+）	弊（-）	利（+）	弊（-）
个人物质方面得失								
个人精神方面得失								
他人物质方面得失								
他人精神方面得失								
	分数小计							
	合计分数							

所以你的最终决定是：_____

3. 对于你自己做出的上述选择，请用SWOT模型进行分析

SWOT模型样表

优势（Strengths）	劣势（Weaknesses）
机会（Opportunities）	威胁（Threats）

步骤二　能力分析

通过平衡单法和SWOT模型分析，你对于自己和岗位的现状都有了更清晰的认识，

请将需要提升的职业能力要素填入下表中。

职业能力要素样表

能力要素	目标岗位要求	有待提升的能力项
知识		
技能		
才干		

步骤三　设定OKR

基于有待提升的能力项，你如何设定自己的OKR，可以填写到下图中。

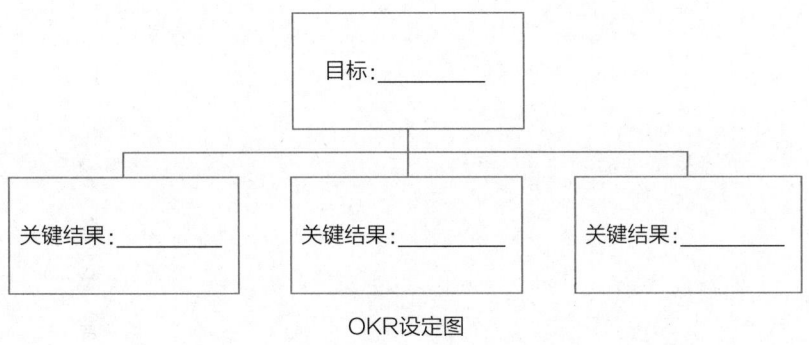

OKR设定图

步骤四　制订行动计划

将上一个步骤中的关键结果转化为行动，制订大学期间你的行动计划，填入下表中。

行动计划表

序号	行动策略	完成实践	预期成果

续表

序号	行动策略	完成实践	预期成果

小结:完成这个部分对你来说有什么感受和启发吗?请写出对你来说最有意义的三个启发或者未来的三个行动。

专题五
职场适应

学习目标

1. 了解时间规划的意义,掌握时间规划的方法,提高学习效率,培养自律意识。
2. 了解压力及其表现形式,掌握缓解压力的方法,培养良好的心理素质,促进身心健康。
3. 了解成长型思维与固定型思维的区别,学习获得成长型思维,培养积极的人生态度,促进自我发展。
4. 了解沟通的重要性,掌握提升沟通技能的方法;促进人际交往,培养合作精神。

> **课前案例**

初入职场的困惑

小陈:"毕业后,我去了家公司做运营,在几个项目里做辅助工作。每天都有很多具体任务要处理,比如撰写产品文案、组织用户调研、跟进产品开发进度等。那时没什么经验,一下子面对这些真的是手忙脚乱。反正领导布置什么,我就做什么,就是按任务布置的顺序来做,经常加班到很晚,但还是没法完成。当时真的又累又迷茫,还有点委屈,不知道问题出在哪里。"

小董:"我的第一份工作是一家事务所,每年的审计旺季,工作强度都非常大,需要经常加班,还要面对客户的各种要求和紧迫的截止日期。我入职后的第一个旺季,当时负责的一个客户的项目出现了问题,需要我短时间内找出解决方案。当时,领导对我的工作进展也不太满意,要求我一定要按时高质量完成任务。我当时感到了前所未有的压力,没有食欲,连续几天失眠,焦虑不安,开始怀疑自己的能力,感觉要被压垮了。"

小郭:"我毕业后进入了一家科技公司的研发团队,分到了一个很有挑战性的项目,需要开发一款新的应用软件。万事开头难,项目初期我就遇到了不少技术难题,代码总是出错,测试结果也不理想,总是没法达到预期效果。虽然自己上学时专业能力不错,参加过不少比赛,也拿了很多奖项,但那时,我开始怀疑自己的专业能力,觉得自己没法胜任这个工作。那些技术问题,让我觉得束手无策。"

小彭:"曾经到一家公司实习,第一天到岗后,带教老师只让我看员工手册熟悉业务,没安排实际工作。我当时没什么经验,非常被动,就这样看了三天员工手册。我也不太会主动跟别人搭话,有时工作中会遇到一些问题,但部门的同事又很忙,所以我很多时候就是闷在工位上,没有方向地摸索,浪费了不少时间,那半个月我也几乎没怎么跟同事说过话。"

> **案例思考**

1. 以上几位毕业生在初入职场时都遇到了哪些困惑?
2. 这些困惑背后的原因是什么?

> **课前自我思考**

请将自己想象为即将毕业的大学生,尝试回答以下问题。

1. 工作对你来说意味着什么？

2. 结合自己的经历、兴趣、能力、价值观等，思考自己在工作后可能会遇到哪些挑战？

3. 面对这些挑战，目前可以做好哪些方面的准备？

从大学生到职场人是一次重要的身份转变。由校园步入社会，面对的职场环境、人际关系、工作节奏、任务要求可能都是全新的挑战。做好职场适应，需要大学生在心态、认知、技能、人际交往等多个层面进行调整和提升。通过积极的心态准备、明确的职业规划、持续的学习提升和有效的人际沟通，大学生可以尽快完成角色转变，更快地适应新环境和新身份，提高职业满意度，实现个人与职业的和谐发展。

单元一 | 规划自我的时间

时间，是我们最宝贵的财富之一。有人说，"大学是一场长跑，这几年时光，有的人从一开始就踏上了其他跑道，也有人挤到了前面的队伍，是时间让大家变得不一样了。"一项针对大学生时间管理的调查显示，73.3%的被调查者认为时间管理非常重要。但在实际生活中，经常进行时间管理的被调查者仅有32.19%，62.57%偶尔管理，还有5.24%的人基本不管理。如何规划好时间，既是合理安排大学生活的需要，也是为职场适应做好准备的需要。

一、时间规划的意义

时间规划，是指个体或组织为了实现特定目标，对未来一段时间内的活动、任务和事件进行系统的安排、分配和管理的过程。在这个过程中，需要综合考虑目标的优先级、资源的可用性、任务的难易程度和相互关系等因素，以制订出合理、高效、可行的时间使用计划，从而提高效率、保证任务按时完成、实现预期目标。

（一）促进目标实现

大学生涯不仅是学习专业知识的过程，也是个人成长、职业规划的重要阶段。明确的目标结合细致的时间规划，可以帮助大学生朝着自己的职业理想前进，使每一步努力都更具有针对性。

（二）提高学习效率

大学课程往往更加专业且深入，合理的时间规划能帮助大学生将学习时间做好合理分配，从而提高学习效率，避免临时抱佛脚导致的低效学习。

（三）培养自律能力

时间规划要求个体自我约束，按照既定计划执行。长期坚持时间规划，可以提升大学生的自律性和自我管理能力，这种能力将在未来的工作和生活中产生积极影响。

（四）增强自信心

通过完成一个个小目标，大学生可以逐渐积累成就感，这种成就感会转化为自信心，激励他们在未来的学习和生活中更加勇敢地面对困难和挑战。

（五）平衡学习与生活

大学生活丰富多彩，除了学习之外，还有社团活动、体育锻炼、社交娱乐、实习实践等。合理的时间规划能帮助大学生找到平衡点，既保证学业不受影响，又能充分享受大学生活的多姿多彩。

（六）促进身心健康

合理的时间规划包括为休息和娱乐留出空间，有助于缓解学习压力，保持身心健康。身心健康的个体更能集中精力投入学习和生活中，从而形成良性循环。

（七）应对不确定性

现代社会变化迅速，大学生可能会面临各种突如其来的挑战和机遇。良好的时间规划能力能让大学生在面对不确定性时或遇突发事件时更加从容，通过灵活调整计划来应对不确定性和不利影响。

做好时间规划对于大学生而言不仅关乎学习效率的提升和目标的实现，更是个人成长、自律能力培养、生活平衡以及应对未来挑战的基础。

二、影响时间规划的因素

（一）刷手机是最大的时间杀手

当今时代，手机已成为人们离不开的电子设备。集众多种功能于一身的手机，常常会消耗我们大部分的时间，过度的手机依赖会使人沉迷其中，还会引发健康和安全风险。

如何与手机保持距离？我们可以为某些应用（如社交媒体、游戏等）设定时间限制。达到限制时，手机自动提醒并限制使用；也可以制订计划和时间表，将玩手机的时间安排在特定时间段内，其余时间专注于其他事务；或寻找替代品，当想要玩手机时，尝试用其他活动代替，如阅读、锻炼、绘画、与朋友面对面交流等；物理隔离也是个不错的办法，例如学习时将手机放在另一个房间，或者锁在抽屉中等方式，给自己留出更多可支配的时间。

> 💡 **小贴士**
>
> **物理隔离的小方法**
>
> 小周平时的学习效率不高，每次书还没翻上几页，手机就会时不时地"蹦"出新消息，让她经常停下来查看。有时，看到有趣的视频，她就忍不住地刷个没完。每次等她回过神来，都会恍然发现时间已经过去很久了。

> 现在，当她要学习时就会关闭各种社交和娱乐设备，将手机静音压在枕头底下，绝不多看一眼。用了这种方法后，她觉得自己的学习效果提升了不少。

（二）应对拖延症

如果有件事，你始终无法开始，不妨将这件事细分为很小的部分，每天只做其中的一部分。例如，你想写一篇文章总感觉无从下手时，不妨先写个开头，哪怕只有100字。或者，将你头脑中的某个思绪、感触记录下来，即使它们看起来极不成熟。将大任务分解成若干个小任务，每完成一个小任务都会带来一些成就感，而成就感会带来自信心，从而促进整体任务的完成。要明白"完成比完美更重要"，先保证任务的完成，再逐步改进和完善。这种方法能降低行动难度，使开始和坚持变得更加容易。

（三）目标设定的清晰性

目标设定的清晰性是影响时间规划的关键问题。如果没有明确的目标，就无法确定哪些任务是真正重要和有价值的，导致时间分配上的混乱和盲目。不清楚事情的优先级，容易被琐碎的事务占据大量时间，而忽略那些对个人成长、职业发展或生活质量有重大影响的关键任务。因此，设定清晰、具体、可衡量、相关性强、有时限的目标是提高时间规划和时间管理能力的关键步骤。

当有了清晰的目标和准确地优先级排序，就能更有效地规划时间，将精力集中在最重要的事情上，提高时间的价值和利用效率。

三、时间规划的方法

（一）设定明确目标

1. 自我诊断

首先，需要充分的了解自己，做好兴趣、能力、优势、价值观等方面的自我探索。我们可以通过反思过去的经历、评估自身能力、总结成就小故事、参与多样化的活动、借助专业的测评工具以及接受他人反馈等方式来了解自己。

2. 目标设定

确定你想要达成的长期目标、中期目标和短期目标。长期目标如明确职业道路，比如成为某领域的专家，或在某个行业内获得认可。中期目标如毕业后的职业方向、考研深造的学校和专业等。短期目标如本学期或本学年要达到的学业成绩、要获得的证书、要取得的奖项、要发展的某项业余爱好等。我们可以将这些目标写下来，以便清晰地了解自己的大学生涯应如何展开。

3. 细化目标

将每个长期目标分解成若干个短期目标，将年计划拆分为月计划，月计划再拆分为周计划和日计划。为每个任务分配合理的时间，包括学习、休息、娱乐、社交等。

（二）合理规划时间

1. 优先事项

将任务按照重要性和紧急性，分为"重要且紧急""重要但不紧急""不重要但紧急"和"不重要且不紧急"四个象限。"重要且紧急"的事立即投入时间和精力去处理，优先解决；"重要但不紧急"的事提前规划，有规律地安排好时间去处理，避免它们变成紧急任务；"不重要但紧急"的事可以通过最快、最简单的方式解决，尽量节省时间和精力；"不重要且不紧急"的日常事务可以放到最后有选择地去做，尽量避免或减少在这类事务上投入过多时间。

2. 日程管理

使用日历、手机日程提醒或时间管理应用等日程管理工具，确保任务进度按照计划进行。

3. 灵活调整

保持计划的灵活性以应对突发事件。留出一些缓冲时间来处理不可预见的事情，以减少因计划改变带来的焦虑感。

> 💡 小贴士
>
> **善用备忘录**
>
> 在前一天晚上，列出第二天要做的"待办事项"是很实用的时间管理办法。这样，第二天便不用再花时间重新思考要做什么，可以直接根据备忘录的提示去逐一完成。

（三）提高执行效率

1. 番茄工作法

采用番茄工作法来提高专注力和效率。将时间划分为25分钟学习和5分钟休息的周期，每完成四个周期后可以休息更长时间。这种方法能够使人保持高效工作状态，避免疲劳。

2. 六点优先工作制

每天把要做的事按重要性排序，分别从"1"到"6"标出6件最重要的事。每天一开始，全力以赴做好标号为"1"的事，直到它被处理好，然后再全力以赴做标号为"2"的事，以此类推。

3. 划分时间段

将一天的时间划分为不同的时间段，如上午上课和复习，下午参加社团活动和实践活动，晚上做作业和阅读等。当然，划分时间段也要遵循你的生物钟，你办事效率最佳的时间是什么时候，就将优先办理的事情放在最佳时间里。

4. 同类事务集中处理

设置特定的时间段集中查看邮件、社交媒体、回复信息或上网购物等，避免频繁切换"频道"而导致的分心。实践表明，批量处理相似任务可以减少任务切换的时间损失，效率会得到提升。

5. 用好碎片时间

比如在排队、坐公交时背单词、听英语听力，思考待办事项；洗澡时听新闻、音频课程或有声书等。

6. 减少干扰

尽量减少学习时的干扰因素。关闭手机、计算机等可能分散注意力的设备，选择安静的学习环境，如图书馆、自习室、书店等。桌面摆放的物品少而精，让自己专注于当前的任务。

7. 合理休息

避免长时间高强度的活动，合理安排休息时间，确保大脑和身体得到及时的恢复。

（四）完成目标并制定新目标

1. 及时反馈

每完成一个小目标，及时回顾完成的过程，总结经验教训。每周末或每月底回顾时间规划的执行情况，根据实际情况对计划进行调整和优化。

2. 立即行动

拒绝完美主义，合理调整任务预期，减少外界干扰，一旦制订计划就不要拖延，立即行动。应做而未做的事会给人压迫感，心理压力倍增，也做不好其他事情，立即行动有助于建立信心和保持进度。

3. 持续激励

给自己设立奖励机制。每完成一项重要任务，可以适当给予自己相应的奖励，比如看一场电影、吃一顿美食等；也可以结交一些自律达人，从她们身上获得榜样的力量，让自己也一点点变优秀，更加积极地完成后续任务。

（五）培养良好习惯

1. 规律作息

养成规律的作息习惯，保证充足睡眠。良好的生物钟不仅能帮助我们保持精力旺盛，还能提高学习和工作效率。

2. 适当拒绝

时间是有限的，精力也是如此。无效社交和活动只会徒增烦恼，学会适当拒绝，合理控制时间，既是对自己内心的尊重，也是对他人的尊重。

3. 情绪管理

随着社会节奏的加快，生活压力的增长，我们的情绪也会起伏。情绪波动会影响效率，学会识别、调节和管理情绪，保持良好心态，是我们应对各种挑战的前提。

案例5-1

统一安排可以自由支配的时间

我曾在某银行担任顾问工作两年，研究该行高层管理的结构。这家银行的总裁，应该是我认识的主管中最善于管理时间的了。两年间，我每月与他会谈一次，每次他都只给我一个半小时。而且每次会谈，他都先有充分的准备，因此我也不能不事先准备。我们谈话的内容，每次仅以一个主题为限。在我们谈到1小时20分时，这位总裁开始催我了："德鲁克先生，我看我们该做个结论了，也该决定下一次谈什么主题了。"一个半小时的时间一到，他就站起来跟我握手再见。过了大约一年，我终于忍不住问他："总裁先生，为什么我们谈话时，每次你都以一个半小时为限？"他回答说："原因很简单，我的注意力只能维持一个半小时。不管研究什么问题，超过了这个限度，我的谈话就没有任何新意了。而且，我还知道，如果时间太短，不够一个半小时，我恐怕会掌握不住问题的重心。"

每次会谈，我发现从来没有电话打进来，他的秘书也从来没有推门进来说什么大人物等着见他。有一天我问起这一点，他说："我的秘书知道，在我思考问题时，绝不许任何人来打扰。只有两个人是例外：美国总统和我夫人。但是，美国总统很少来电话，而我夫人也深知我的脾气。所以，任何大事，秘书都要等我们谈完后才来告诉我。然后，我再以半小时接听电话，接待访客。当然，你知道，我这样安排也是一种冒险，说不定在我们谈话时，真会有什么天大的事等不及一个半小时呢。"

不用说，这位银行总裁，在我们每月一次会谈中办成的事，远比任何一位同样能干却天天开会的管理者多得多。

单元二 | 缓解自我的压力

一、认识压力

压力是一个外来词,来源于拉丁文,原意是痛苦。在心理学上,压力是个体在觉察"需求"与"满足需求"之间产生的能力不平衡感。

生活中,每个人都会感受到压力,压力是身体面对具有挑战的情况或者重大的生活变化做出的自然反应。大学生也面临着诸多的压力,当这些压力非常严重或持续很长时间,将会影响到学习和生活,还可能导致心理健康问题。长期处于高压状态下,会引起体内的炎症反应,这不仅对身体有害,也对大脑有害。因此,我们有必要探索积极地压力管理策略,有效的缓解和释放压力。

二、大学生压力的主要来源

2022年,中国科学院心理研究所曾开展过心理健康状况调查。报告显示,在压力源方面,大学生最主要的三个压力来自"学业负担重""想念家人"和"不知道自己适合什么工作"。而进一步的调查结果显示,较高的压力是抑郁和焦虑的风险因素,需要关注大学生的压力源,有针对性地制定缓解压力的干预措施。当前,大学生的压力源主要有学业压力、社交压力、经济压力和就业压力。

(一)学业压力

学业压力是当前大学生面临的最主要压力。部分学生基础薄弱,面对课程难度大、作业多、考试频繁的现状,需要花费大量时间和精力来应对。学业成败直接关系到切身利益,包括绩点、荣誉、奖学金、毕业证等。很多学生存在时间管理不当的问题,导致学习效率低下、任务集中,不良的学习习惯也加剧了学业压力。随着社会竞争的加剧,大学生面临着越来越大的就业压力,这种压力反过来又影响到他们对学业的态度和感受,使他们在学业上更加努力,期望取得更加优异的成绩,而更有利于就业竞争。

(二)社交压力

由于生活经历和成长环境的原因,部分大学生出现了交际困难的情况。大学本质上也是小型社会,缺乏必要的社交会给自己的生活带来诸多不便。不善交际的同学可能难以和周围人建立融洽关系以及真正融入集体，时常有被孤立的挫败感。来自五湖四海的舍友有着不同的生活习惯，作息时间的差异和宿舍噪声问题等也容易让同学间产生隔阂，如果沟通不畅，矛盾更容易激化。很多受到此类问题困扰的学生转而向网络寻求安慰，沉迷于虚拟世界中，加深了与周围人的隔阂。

（三）经济压力

对于部分家庭经济条件不佳的大学生而言，经济问题是其心理压力的重要方面。学生间日常生活条件的对比以及地区间经济发展情况的对比，容易使人产生自卑心理。由于经济困难，他们一方面要计划自己的经济开支，限制自身的发展和消费；另一方面要应对繁重的学习任务，有些还要利用课余时间赚取学费和生活费，难免感觉压力重重。

（四）就业压力

毕业生人数的不断增加，市场需求相对饱和，就业市场竞争激烈，加上大学生就业期望值普遍较高，担心毕业后找不到合适的工作，对未来职业发展更容易感到迷茫和焦虑。此外，全球经济形势的波动以及各种不确定因素的增加，也使他们在选择职业时更加谨慎。

> **小贴士**
>
> **压力过度的表现形式**
>
> | | | | |
> |---|---|---|---|
> | 1. 生理表现 | 头痛或肌肉紧张：肌肉紧绷、经常性的头痛或偏头痛等 | 消化问题：消化不良、胃痛、便秘或腹泻等 | 睡眠障碍：失眠或多梦、易醒，早醒且难以入睡等 |
> | 2. 心理表现 | 焦虑和紧张：持续的焦虑感，过度担忧即将发生的事或潜在的问题，无法控制的紧张等 | 情绪波动：情绪起伏大，易激惹或发怒等 | 悲观或抑郁：陷入自我怀疑、自我否定，自我价值感降低，产生抑郁症状，如失去兴趣、快乐感减少等 |
> | 3. 行为表现 | 效率下降：学习动力减弱，产生拖延行为，难以按时完成任务，分心犯错的频率增加 | 回避行为：逃课、取消计划、回避与人交往、自我封闭等 | 依赖不健康习惯：饮酒、吸烟、暴饮暴食、过度消费或沉迷网络等 |
> | 4. 认知表现 | 消极思维：难以看到问题的积极一面，倾向于预期最坏的结果 | 注意力分散：注意力难以集中，影响决策能力，效率降低 | 记忆力下降：经常忘记事情或丢失东西等 |

三、缓解压力的方式

适度的压力能让我们保持一定的紧张感，激发个人的积极性、行动力和专注度，提高效率。而压力过大，可能导致身心疲惫，紧张不安，焦虑、抑郁等负面情绪，影响身心健康。因此，我们要学会识别和缓解压力，学会与压力共处，甚至将其转化为动力。

（一）运动锻炼

运动，是最简单直接、立竿见影的释放压力的方法。运动可以促进神经递质的释放，从而改善心情，增强情绪的稳定性。运动时，大脑会分泌多巴胺，这是一种与奖赏感和愉悦感相关的神经递质，让我们感受到积极与快乐。运动还能促进内啡肽的释放，减轻我们的焦虑与压力，改善心理健康。此外，运动还能改善神经网络的连接性，提高注意力和认知功能，增加自信。

（二）社交支持

有些压力可能单凭自己的调整无法排解，这时可以找一个信赖的人倾诉。被倾听和被理解能够让我们感到被接纳和被关心，压力也会得到一定程度的缓解。通过交流，还可能发现一些不同视角，得到合理建议或解决问题的办法。另外，找到与自己兴趣爱好相同的群体，如读书俱乐部、运动小组等，与志同道合的人交流也能带来快乐和满足感。参加聚会、社团活动、志愿者活动等，能够分散注意力，减轻压力带来的紧张感。总之，积极参与社交活动，与他人建立良好的关系，能够在面临压力时为自己提供情感缓冲和应对资源。

（三）转移注意力

压力往往来自长时间或者一定阶段内一直专注的棘手问题上。这时，我们需要从现在的压力氛围中脱离出来，投入另一个感觉轻松的环境中去。在自己擅长的轻松环境中，更容易放松下来，让压力找到出口。

（1）培养兴趣爱好　例如绘画、书法、摄影、园艺、烘焙、手工制作等，全身心投入自己喜欢的活动中，忘却压力源。

（2）阅读书籍　沉浸在精彩的故事或有价值的知识中，让思维进入新的领域。

（3）聆听音乐　根据心情选择舒缓、欢快或激昂的音乐，放松身心。

（4）观看电影或剧集　选择轻松、有趣或富有启发的影视作品，暂时逃离现实的压力。

（5）走进大自然　去公园散步、爬山、露营，呼吸新鲜空气，欣赏美丽风景。有研究指出，即使不做任何运动，在公园里待20分钟，也能带来更好的状态，这就是所谓的公园"二十分钟效应"。一项关于心理健康护理自然疗法的研究中发现，亲近大自然有助于缓解焦虑、减少压力和降低抑郁水平。

（6）尝试美食　烹饪或品尝喜欢的美食，满足味蕾，提升愉悦感。

（7）学习新技能　比如学习一门新的语言、乐器或烹饪技巧等，专注于新知识的获取。

（8）宠物陪伴　和宠物玩耍、互动，感受它们的纯真和温暖。

（9）打扫整理　把居住环境打扫干净、整理物品，整洁的环境能带来心理上的舒适感。

（10）冥想或深呼吸　集中注意力于呼吸，排除杂念，达到内心的平静。

（四）认知调整

过高或不切实际的期望，往往会导致失望和挫败感。我们应认识到，完美是一个不现实的标准。当面临挑战时，尝试从不同角度去看问题，而不仅仅局限于第一反应，避免绝对化或灾难化的思维。这可以帮助我们更客观地分析情况，减少过度情绪化的反应。例如，工作上遇到困难，试着将其视为一个提升自我能力和学习新技能的机会，坚信事情会朝好的方向发展，自己有能力去处理和应对。

不同的人，面对压力时会呈现出不同的反应。压力并不是完全由外部事件决定的，而是我们对这些事件的看法和解读造成的。意识到这一点，可以帮助我们更主动地调整认知。此外，不要总是与他人进行比较，网络和社交媒体往往会放大或夸大这一现象。每个人的生活轨迹和优势都不同，更应该专注于自己的成长和进步。

（五）寻求专业支持

当自己用了各种方式都不能让压力得到排解时，可以向专业人士或者机构寻求帮助，进行心理辅导和干预。

1. 与专业的心理咨询师进行交流

他们可以帮助我们识别压力的根源，提供应对策略，并通过各种心理治疗方法，帮助我们改变不良的思维和行为模式，从而减轻压力。

2. 参加心理治疗课程或工作坊

参加专门针对压力管理和情绪调节的治疗课程或工作坊。这些课程或工作坊通常由专业的心理健康专家主持或授课，提供集中、系统的指导和练习。

3. 寻求医生诊断与治疗

如果因压力导致了严重的身体或心理症状，如焦虑症、抑郁症等，寻求医生的帮助是非常必要的。医生可能会通过药物治疗来缓解症状，同时结合心理治疗来解决问题。

压力，是现代人生活中不可避免的一部分。了解压力的表现形式，寻找有效的压力管理方法，可以减轻压力带来的不良影响，更好地实现个人发展。

> **小贴士**
>
> **心理援助热线**
>
> 公共卫生咨询热线：12320
>
> 青少年心理咨询和法律援助热线：12355
>
> 妇女维权热线：12338
>
> 全国统一心理援助热线：12356

案例5-2

为什么我们拿不确定性没办法？

不确定性对我们的大脑而言是一种威胁。请记住，人类的大脑在过去几千年里都没有进化过。因此，大脑至今仍延续着几千年前的反应模式，与我们今天所处的世界截然不同。如果人类的祖先遇到了不确定性，比如误入了旁边陌生部落的领地，在这种情况下，他们完全不知道危险隐匿在何处，所以必须时刻保持戒备，并随时准备逃跑，以防猛兽袭击或其他威胁突然降临。今天，本能脑依旧延续着相同的反应模式，让我们随时做好逃跑或战斗的准备。尽管今天的不确定性有时只是不清楚我们最爱的那家连锁餐厅是否还经营得下去，不知道考试中某道题目的答案，又或者是不知道当列车晚点时如何赶去公司。虽然现代生活中的不确定性并不会导致生命危险，但仍然会强烈刺激本能脑的杏仁核，使得我们感到精疲力竭。我们的祖先遇到不确定性时，可以赶紧逃离危险，返回到安全地带。而今天，我们面临着更多、更频繁的小压力，即使这些小压力不会造成生命危险，大脑仍会不断地分泌化学物质，并且无处排解，最终堆积成了如山的压力。

单元三 ┃ 获得成长型思维

一、了解成长型思维

成长型思维（Growth Mindset）是由心理学家卡罗尔·德韦克在其著作《终身成长》中提出的概念。它是一种心理特质，认为个人的能力、智力和才能是可以通过努力、学习和坚持不懈来发展和提高的。例如，当面临一次考试失败时，拥有成长型思维的人不会认为自己天生不聪明或没有能力学好这门课，而是会分析失败的原因，总结经验教训，制订改进的学习计划，相信通过自己的努力下次能取得更好的成绩。与之相对的是固定型思维（Fixed Mindset），后者认为人的能力和特质是天生的，难以改变。

二、成长型思维与固定型思维的区别

成长型思维坚信能力可借由努力培育，视挑战为成长良机，把挫折当成进步契机，认同努力的价值；而固定型思维则认定能力固定不变，倾向于回避挑战，遭遇挫折易陷入自我怀疑而一蹶不振，觉得努力只是无天赋者的无奈之举。这两种思维在诸多方面呈现出截然不同的态度与认知模式（表5-1）。

表5-1 成长型思维与固定型思维的区别

不同场景	成长型思维的表现	固定型思维的表现
1. 对努力的认知	相信努力能够带来能力的提升，赞赏努力的价值	只有能力不足的人才需要努力，如需要付出太多努力，意味着自己不够聪明
2. 对待挑战的态度	把挑战看作是提升自己的机会，愿意主动迎接	害怕挑战，担心自己无法应对而暴露不足，从而选择逃避
3. 对能力的看法	能力是可以培养和发展的，通过努力学习能够不断提升	能力是天生的、固定不变的，是一种天赋
4. 对学习的态度	渴望学习新知识，不断拓展自己的能力范围	满足于已有的知识和技能，不太愿意尝试新的领域
5. 对失败的反应	将失败视为学习和成长的经验，从失败中总结教训，改进方法	把失败视为对自己能力的否定，容易陷入自我怀疑和沮丧
6. 对批评的接受	能够虚心接受批评，并将其作为改进的方向	把批评视为对个人的负面评价，容易产生抵触情绪

续表

不同场景	成长型思维的表现	固定型思维的表现
7. 对他人成功的看法	从他人的成功中汲取经验，受到激励而努力	因他人的成功而感到威胁，产生嫉妒心理

> **小贴士**
>
> 成长型思维的应用
>
> （1）人际关系处理　在与他人的交往中产生矛盾或冲突时，成长型思维使人从冲突中反思自己的沟通方式和行为，努力改善人际关系。
>
> （2）应对考试　考试成绩不理想时，拥有成长型思维的学生不会否定自己，而是分析错题原因，有针对性地进行复习和补充知识。
>
> （3）学习新语言　在学习一门新语言的过程中，可能会遇到发音不准、语法错误等问题。具有成长型思维的人会把这些困难视为提高的机会，不断练习，寻求帮助，掌握技巧，相信通过持续努力能够熟练掌握。
>
> （4）健身与健康　在健身过程中，如短期内没有看到明显的效果，成长型思维会让人坚持下去，调整锻炼和饮食计划，相信随着时间的推移会取得进步。
>
> （5）艺术创作　绘画、写作、音乐的创作者可能会面临创作瓶颈或作品不受认可。成长型思维促使他们不断尝试新的风格和技巧，接受批评并改进。
>
> （6）职场晋升　当争取晋升机会但未成功时，拥有成长型思维的员工不会因此气馁，而是会反思自己的不足，向获得晋升的同事学习，提升自己的能力，为下一次机会做更充分的准备。
>
> （7）创业　创业过程中充满了不确定性和挫折。例如遇到技术障碍、产品不受欢迎、资金短缺等。拥有成长型思维的创业者会把这些视为学习和调整策略的信号，不断改进产品和商业模式。

三、如何获得成长型思维

（一）调整心态，树立积极观念

1. 认识能力的可塑性

应当意识到能力并非固定不变，而是可以通过努力和学习来提升的。相信自己具有潜力，只要付出足够的努力和时间，就能够取得进步和成就。不被过去的失败或挫折所束缚，而要相信未来有无限的可能性。

2. 保持乐观与坚韧的态度

面对困难和挑战时，保持积极的心态，相信自己有能力克服它们。将失败视为成长的机会，从中吸取教训并继续前进。遇到挫折时不气馁，而是坚持不懈地追求自己的目标。

3. 摒弃固定型思维的负面影响

避免使用"我不行""这太难了"等消极语言，而是用积极的话语激励自己。不要过分关注他人的评价和比较，而是要专注于自己的成长和进步。摒弃完美主义的心态，接受自己的不足并努力改进。

（二）培养习惯，促进个人成长

1. 设定明确的目标与计划

制定具体、可衡量的学习或发展目标，明确自己想要达到的水平。制订详细的计划和时间表，确保每个阶段都有明确的任务和进度安排。定期回顾和评估自己的目标与计划，及时调整策略和方法。

2. 持续学习与实践

保持好奇心和求知欲，不断尝试新的学习方法和领域。通过阅读、参加培训、参与实践等方式来拓展自己的知识和技能，将所学知识应用于实际生活中，通过实践来巩固和加深理解。

3. 建立有效的反馈机制

寻求他人的帮助和指导，获取他们的意见和建议。定期反思自己的行为和表现，找出不足之处并制订改进计划。学会倾听他人的反馈并从中吸取有益的信息，但同时要保持独立思考和判断能力。

（三）拓展视野，增强应对能力

1. 接触多元文化与思维方式

通过阅读、旅行、交流等方式来接触不同的文化和思维方式。尊重并理解不同的观点和价值观，避免狭隘和偏见。借鉴他人的优点和经验教训，丰富自己的思考方式和解决问题的方法。

2. 培养跨领域的能力与兴趣

学习多个领域的知识和技能，提高自己的综合素质和竞争力。培养广泛的兴趣和爱好，丰富自己的生活体验和内心世界。尝试将不同领域的知识和方法进行融合和创新，产生新的想法和解决方案。

3. 面对挑战与变化时保持开放心态

在面对挑战和变化时保持开放和包容的心态，勇于尝试新的事物和方法。学会适应变化并从中寻找机遇和可能性，而不是抗拒或逃避。不断挑战自己的舒适区并拓展自己的能力边界，实现个人的成长与发展。

成长型思维是一种积极向上、充满适应性的思维模式，它鼓励人们面对困难和挑战，持续学习和成长，而不是在遇到障碍时放弃。拥有成长型思维的人更容易接受反馈，勇于尝试新事物，不断突破自我限制，实现个人和职业上的持续成长。在教育、职场、人际关系等多个领域，成长型思维都被认为是一种宝贵的品质，有助于提高适应能力、创新能力和解决问题的能力，能够帮助大学生更好地应对挑战，抓住机遇，实现自我价值。

案例5-3

培养你的思维模式

在被他人拒绝后，你是觉得自己受到了批判，感到痛苦，想要报复对方？还是感到很受伤，但是觉得依然可以原谅对方，从中学习，并继续生活？想一想你经历过的最糟糕的一次拒绝。想想你当时的全部感受，看你能否从成长型思维模式的角度去看待问题。你从中学到了什么？这件事是否让你知道你在生活中到底想要什么，不想要什么？它是否教给你一些能够为你日后的感情带去帮助的积极手段？你能原谅这个人并希望他以后一切安好吗？你能摆脱痛苦吗？

想象一下你理想中的恋爱关系。你是否认为两个人应该完全相容——没有分歧，没有妥协，也不需要努力？请重新考虑一下。每段关系中都会有很多问题。尝试着从成长型思维模式的角度来思考：问题可以变成促进彼此理解、提升亲密度的工具。让你的伴侣说出不同意见，仔细倾听，然后耐心并真诚地讨论问题。这种做法给两个人的关系带来的亲密感可能会让你感到惊讶。

你是否像我一样喜欢责怪别人？把责任都推到对方身上不利于感情的发展。你可以在想象中创造一个形象，把责任都推给他。但更好的做法是，慢慢让自己变得不轻易指责别人。不要总是想着别人有错误并埋怨他们。这也是我平时努力的方向。你是一个害羞的人吗？如果是，那么你真的需要成长型思维模式。即使它治不好你的害羞，至少也可以帮助你维护正常的社交互动。你下一次进入一个社交场合的时候，要抱有这样的念头：社交能力是可以提高的，社会互动是用来学习和享受的，而不是用来评判别人的。试着多训练自己用这种方式想问题。

单元四 ｜ 提升自我的沟通技能

一、沟通及沟通的重要性

沟通，是人类社会中最基本、最重要的活动之一，是人类区别于其他动物的重要方面，是人与人之间、人与群体之间思想与感情的传递和反馈的过程，以求感情的通畅和思想的一致。

无论是在职业领域还是个人生活方面，良好的沟通都是取得成功的关键因素之一。在人际交往中，沟通可以满足情感需求、增进人际关系、化解矛盾冲突；在工作学习中，沟通可以促进信息共享、提高工作效率、增进团队协作；在个人成长中，沟通可以树立职业形象、促进自我提升、扩展视野、激发创造力。由此可见，沟通在个人生活、工作和社会交往中都具有不可或缺的重要意义。

二、社交媒体对沟通的影响

现代社交媒体打破了传统的地理界限，使我们能够轻松地与全球各地的人建立联系。这种广泛的社交网络有助于我们了解不同的文化和观点，增强了跨文化沟通能力。社交媒体的即时性使得沟通变得更加迅速和高效，丰富的沟通工具，让交流更加生动和直观。社交媒体还为我们提供了表达观点和分享想法的平台，也提供了展示个人兴趣、技能和成就的空间。

然而，社交媒体同时也对我们产生了一定的负面影响。

（一）降低面对面交往能力

过度依赖社交媒体会忽视面对面的交流，可能导致沟通机会和能力的下降，出现社交恐惧或交流不畅。这种忽视可能会让大学生在现实中变得孤僻、自我，难以与他人建立深层次的联系，对于人际矛盾和冲突无所适从，产生逃避或单一、偏激的处理方式。

（二）沟通肤浅化

快速和简短的交流方式，可能导致思考深度不够，难以进行深入和有意义的沟通。

（三）信息误解

缺乏语气、表情和肢体语言等非语言线索，容易造成信息误解和沟通不畅。

（四）分散注意力

社交媒体上的信息纷繁复杂，大学生在使用时容易分散注意力，无法专注于当前的任务或对话。注意力的分散会影响他们的专注度和倾听能力。

（五）依赖虚拟沟通

在虚拟世界中，人们往往更容易隐藏自己的真实情感和态度，而这种隐藏可能会让大学生在现实中变得更加难以表达自己的情感和观点，与现实世界脱节。

（六）社交礼仪缺失

一些大学生在社交媒体上的随性和随意发言，忽略了基本的社交礼仪和尊重。这种习惯容易被迁移到现实的沟通当中，容易产生矛盾，影响良好沟通习惯的养成。

> **小贴士**
>
> **沟通中的禁忌**
>
> （1）打断他人　随意打断别人说话，会显得没有礼貌和缺少尊重。
>
> （2）心不在焉　交流时走神、分心，会让对方感到自己没有被认真对待。
>
> （3）自我中心　只关注自己的想法和感受，不考虑对方的观点，会让对方觉得不受重视。
>
> （4）争论不休　为了争输赢而争论，而不是为了解决问题或交流观点，容易导致关系紧张。
>
> （5）语言攻击　使用侮辱性、攻击性的语言，会严重伤害对方的感情。
>
> （6）批评指责　一味地批评和指责对方，容易引发对方的抵触情绪，破坏沟通氛围。
>
> （7）话题跳跃　频繁变换话题，使沟通缺乏连贯性和逻辑性，让对方难以跟上思路。
>
> （8）急于下结论　没有充分倾听和理解就匆忙作出判断和结论，容易产生误解。
>
> （9）传播负面情绪　过度抱怨、谴责、愤怒或焦虑，会给对方带来压力和不良影响。
>
> （10）隐瞒和欺骗　不诚实会破坏信任，使后续的沟通将变得困难。

三、提升沟通技能的方法

提升沟通能力有助于我们精准且清晰地表达自身想法与情感，避免因表达不清而产生误解，从而构建与维护良好的人际关系，无论是亲情、友情还是爱情都能因此更加稳固和谐；在我们职业发展的过程中，具备良好的沟通能力可以拓展人脉资源，为个人的职业发展助力。提升沟通技能的方法如表5-2。

表5-2　提升沟通技能的方法

专心专注	专心专注，心无旁骛。不要看手表、手机或其他电子设备，不要四处环顾，不要被琐事打扰
积极倾听	认真听取他人的真实意图和感受，理解对方的观点、需求。不随意打断对方，给予适当的反馈，通过点头、微笑或使用简短的话语进行信息的确认
清晰表达	使用简洁明了、逻辑清晰的语言，努力使表达的内容清晰、准确，避免模糊和歧义。同时注意语速和音量，确保对方能够轻松理解
有效提问	以双方都能接受的方式向对方提出问题，有助于更深入地理解任务、要求和目标，避免误解和偏差，也能开拓思路，发现新的解决方案和机会
及时反馈	能够反思自己的表现，及时调整方法和策略，确保工作朝着正确的方向推进。这种积极的沟通方式，有助于优化沟通策略，建立良好的工作关系，展现积极的态度
提高同理心	设身处地地理解他人的感受和需求，能够换位思考，展示关心和支持，有助于建立信任和亲密关系
情绪管理	控制自己的情绪，避免因情绪化而影响沟通效果。当遇到冲突或困难时，尽量保持冷静和理性，寻求和平解决之道
情境适应	根据不同的企业文化、团队风格、沟通对象和沟通场合调整沟通方式。比如，在正式场合要用更为正式的语言和态度，而在非正式场合则可以适当放松；欧美企业的沟通风格和日韩企业的沟通风格会大相径庭
非言语交流	学习并运用肢体语言、面部表情、眼神交流等非言语信号来增强沟通效果和说服力。例如，保持眼神接触、微笑以及适当的肢体语言可以传达出自信和友好

案例5-4

换位思考

将他人与自己做比较可能会无意中显得争强好胜或打击对方。例如，如果有人告诉你他们刚跑完了人生第一个10千米，你在他兴奋之时向他讲述了自己跑过的第五次马拉松。甚至，这样做在有些情况下会显得失礼。例如，如果有人刚刚经历了丧亲之痛，不要告诉他们你的祖父母、朋友或亲戚去年过世了。每个人对私事的感受都是不同的，贸然相提并论可能会让人感到难受和不妥。正确的做法是，你应该表现出同理心、关心和支持。

案例5-5

晋级半决赛，"莎头"组合默契回应："我们赢在沟通"

当地时间2024年7月28日，巴黎奥运会乒乓球混合双打四分之一决赛中，中国组合王楚钦、孙颖莎战胜中国台北队，顺利晋级半决赛。

在接受赛后采访时，王楚钦表示："这是自己的第一次奥运会，其他任何一个比赛都不会给自己带来这样的感觉。最关键的还是我们在落后情况下的沟通，包括不放弃的感觉，让我们慢慢进入了一个比较好的节奏。"

孙颖莎表示："今天对我们来说是一场非常好的锻炼，我们今天还是赢在了赛场上的沟通和交流，我们都在互相给对方鼓励和提醒。"

专题实训

实践目标

职场适应不仅是个人进入新工作环境后的一次调整过程，更是一个动态过程。通过专题实训，运用已学知识，达到学练结合，提升职场适应能力的实践目标。

实训步骤

1. 活动内容

尝试开展时间规划，为自己减压，做成长型思维的应用，在实际场景中运用沟通技巧。

2. 活动小结

通过学习与应用，促进大学生良好人际关系的建立，保持积极心态，提升工作满意度，增强职业发展潜力。

> 实训过程

步骤一　规划我的时间

　　以下假设是一组需要在一周内完成的任务，请用四象限法将它们的序号进行归类。

1. 准备周五的英语考试
2. 阅读一本感兴趣的小说
3. 练习书法
4. 为下个月的朋友生日挑选礼物
5. 看喜欢的综艺节目
6. 完成小组报告，周四提交
7. 参加学校的志愿者活动，周日上午
8. 回复不重要的邮件
9. 跟闺蜜去逛街
10. 每天抽出一小时学习一门新的语言
11. 修理家中滴水的水龙头
12. 与朋友煲电话粥
13. 规划年底的家庭旅行
14. 取快递
15. 整理手机相册
16. 准备明天的面试
17. 玩游戏放松

A. 重要且紧急：

B. 重要但不紧急：

C. 不重要但紧急：

D. 不重要且不紧急：

步骤二　缓解我的压力

设想一下，本月内你最有可能面临的压力有哪些，让我们做好应对的准备。

1. 我最有可能面临的压力源是：

2. 我最艰难的任务是：

3. 我会这样应对：

4. 我会把最艰难的任务安排在：

5. 我会向这些人求助：

6. 当我有空闲的时间时，我会：

7. 我会用这些对我有效的方式去减压：

步骤三　获得成长型思维

一名女生在社交平台分享了自己8年考研失败的经历曾经冲上热搜，引发网友讨论。

当事人称，2015年自己第一次考研到现在，从应届毕业生到30岁，8次考研均失败。有网友质疑"可能就不是考研的料"，还有网友建议"及时止损"，也有网友认为"没必要嘲笑，有梦想谁都了不起"。

1. 请运用成长型思维，谈谈你的看法。

2. 如果你是她的好朋友，此刻你会如何去鼓励她？

步骤四　提升我的沟通技能

五一假期前，上司让职场新人小张做一个本地市场同类产品销售情况的调查，节后上班第一天就要过目。好不容易盼到的长假，却要加班赶报告，小张心存埋怨，也没仔细问报告的用途，以为还是为公司新产品上市做参考，就按照以往的程序，上网查了一下相关资料，再依据领导的喜好做了些修改，上班第一天就交了上去。

实际上，领导想了解的既要有竞争对手的真实数据，又要有本公司产品的销售情况分析，而小张上交的这份报告却没有这些内容，而且还出现了不少错别字。

看到上司难看的脸色，小张忍不住为自己辩解："我以为您是要做明年的销售计划……""你以为？你怎么不问我？不要总是'我以为'，有不明白的就问，更不要自己想当然地做……"上司打断了小张的辩解，狠狠地发了一通火，小张也委屈地哭了。

1. 在你看来，上述案例中的问题出在哪里？

2. 根据所学内容，在遇到同类情况后，你会尝试怎样去沟通？试着将你接到任务后准备和上司的沟通内容写下来。

步骤五　总结与回顾

1. 回顾本单元所学内容，结合过往经历，谈谈你的体会。

2. 做好大学生职场适应，你认为还需要做好哪些方面的准备？

专题六
综合案例分析与实践

学习目标

1. 了解大学生职业生涯规划书的撰写步骤。
2. 掌握大学生职业生涯规划的撰写方法。
3. 能够撰写个人职业生涯规划书。

> 课前案例

小王的职业生涯规划

小王是一名计算机科学与技术专业的大学生,在入学不久便精心撰写了自己的职业生涯规划书。规划书中,他的职业目标是成为一名资深的软件工程师。

短期计划(大学期间):

1. 认真学习编程语言,如Python、Java等,熟练掌握基本语法和算法。
2. 积极参与学校的编程竞赛和项目实践,提升实际编程能力。
3. 每学期至少阅读两本与专业相关的经典书籍,拓宽技术视野。

中期计划(毕业后1~5年):

1. 毕业后进入一家互联网公司从事软件开发工作。
2. 第一年熟悉公司的开发流程和技术框架,不断学习新技术。
3. 第二、三年参与重要项目的开发,提升解决复杂问题的能力。
4. 第四年争取成为技术骨干,能够独立负责模块开发。

长期计划(毕业后5年以上):

1. 持续学习前沿技术,关注行业发展趋势。
2. 向技术专家或技术管理方向发展,带领团队进行技术创新。

在大学期间,小王始终围绕规划书努力。他每天都会花大量时间练习编程,积极向老师和同学请教问题。他还参与了多个校内的软件项目开发,积累了丰富的实践经验。

毕业后,他成功入职一家知名互联网公司。工作的第一年,他虚心学习,快速适应了公司的工作节奏和技术要求。在接下来的几年里,他凭借扎实的技术功底和积极的工作态度,参与了多个重要项目的开发,并在第四年成了团队中的技术骨干。

目前,他正朝着成为技术专家的方向不断迈进,而这份清晰的职业生涯规划书为他的发展指明了道路,让他每一步都走得坚定而有力。

> 案例思考

1. 你觉得小王能够一步步地实现自己的职业理想与他制订的职业规划有关系吗?
2. 如果你是小王,你会怎么制订自己的职业发展计划,能比他做得更好吗?

专题六 综合案例分析与实践

> 💡 **课前自我思考**

　　经过学习,我们对职业生涯规划有了全面的了解,如果你也写下完整的职业生涯规划书,你觉得应当包含哪些部分呢?

单元一 ｜ 撰写个人职业生涯规划书

一、大学生职业生涯规划书的撰写步骤

职业生涯规划的撰写包含以下步骤和内容。

（一）自我探索与认知

自我探索是个人职业生涯规划的基础，通过自我探索我们可以获得对自我的认知，清晰地知晓自己内心真正的兴趣所在，从而确立贴合自身的职业目标，而非盲目跟从潮流选择不适合的职业道路。这种清晰的认知有助于我们在职业发展过程中更好地适应各种挑战和变化。明确自身的优势和劣势，能让我们在工作中扬长避短，将优势充分发挥，提升工作表现和竞争力。

自我探索和认知有多种有效方法。在前面的章节中我们学习了MBTI性格测试、霍兰德职业兴趣测试、成就事件撰写等方法，这些方法都能够帮助我们有效的了解自己。

（二）职业环境分析

个人的职业发展必然会受到外界环境条件的约束和影响。环境提供和决定着职业发展的机遇、挑战、威胁。在撰写职业生涯规划书时，调研职业环境，可以辅助我们做出职业方向上的选择。这部分内容可以通过生涯人物访谈、文献搜索和阅读、调查等方式完成。主要内容包括行业环境、组织环境、岗位信息等。

（三）职业决策与目标确立

经历自我探索和环境分析后，职业世界将在我们眼前清晰的展开，这使得我们看到更多的职业可能性。在面对众多可能性时，"决策"是帮助我们过滤选项，确定职业目标的必要步骤。在进行决策时，可以使用决策平衡单法、SWOT分析法、CASVE循环等模型和方法。

职业目标伴随着决策而产生，职业目标为个人发展指明了方向，是职业生涯规划的核心内容。在撰写职业生涯规划书时，可以首先确立一个适合自我的长远目标，以此为出发点分解制订计划和行动方案。

（四）制订行动计划

行动计划能够为我们的职业发展指明清晰方向。通过详细规划职业目标以及实现这些目标的具体步骤，让我们在职业道路上不再困惑，始终知晓自己该往何处努力，还能

极大地激发我们在职业追求中的动力和决心。当把职业目标细化为一个个具体可操作的任务，并制定相应的执行策略时，我们会对实现目标更有信心，从而更积极地投身于职业发展。同时，行动计划有助于合理分配职业发展所需的资源。

一个完整的职业生涯行动计划通常包含以下几个方面：设定明确、具体、可衡量、可实现、相关且有时限的职业目标。将大目标分解为具体的阶段性小任务，并为每个任务合理安排时间进度，保证职业发展按计划推进。评估实现目标所需的各类资源，如知识储备、技能培训、社交资源等，并确定获取方式。预测可能出现的阻碍和风险，如行业变化、竞争压力等，并制定应对措施。此外，要定期对行动计划进行评估和调整，以适应职业发展中的各种变化。

二、大学生职业生涯规划书常见目录

目录通常包含以下内容。
（一）前言
（二）自我探索与认知
1. 个人基本情况
2. 性格特点
3. 兴趣爱好
4. 能力特长
5. 价值观
6. 自我探索与认知小结
（三）职业分析
1. 外部环境分析
2. 目标职业分析
3. 职业分析小结
（四）职业决策与目标定位
1. 职业决策分析
2. 职业目标确定
（五）职业生涯规划设计
1. 目标制定
2. 制订行动计划

（六）动态评估调整

（七）结束语

三、正文内容

依据上述目录，正文内容如下。

（一）前言

1. 阐述撰写职业生涯规划的初衷和动机，比如对未来的迷茫促使你想要通过规划来明确方向，或者对实现个人价值的渴望驱动你进行规划。

2. 强调职业生涯规划的重要性，它如何对你的人生发展起到指引作用，帮助你更好地实现职业目标和个人理想。

3. 简要介绍规划书的主要内容和结构，让读者对后续的篇章有一个初步的了解。

4. 表达对未来职业生涯的期待和憧憬，展现积极向上的态度。

例如：在人生的旅途中，职业是我们展现自我、实现价值的重要舞台。然而，面对纷繁复杂的职业世界，我曾感到迷茫与困惑。为了在未来的职业道路上能够坚定前行，充分发挥自己的潜力，实现理想与抱负，我精心撰写了这份职业生涯规划。

本规划书将对我的自身情况进行深入剖析，结合外部环境的分析，明确职业目标和发展路径。其中包括短期、中期和长期的具体计划，以及为应对可能出现的变化而制定的评估调整策略。

我深知，职业生涯规划并非一劳永逸，而是一个不断探索、调整和完善的过程。但我坚信，只要有清晰的目标和坚定的信念，未来的职业之路必将充满阳光。我期待着在不断努力中，收获成长与成功，为自己的人生谱写精彩的篇章。

（二）自我探索与认知

1. 个人基本情况

（1）个人信息　包括姓名、性别、年龄、籍贯、所在院校、所学专业、年级。

（2）教育背景　包括毕业院校、入学时间和毕业时间。重点介绍与职业规划相关的学科成绩、所获荣誉或奖励。

（3）工作/实践经历　包括曾参加过的实习、兼职、社团活动或项目经历、描述工作内容、所承担的职责和取得的成果。

（4）培训经历　包括参加过的与职业发展相关的培训课程、技能提升班等。

（5）个人特长和技能　包括语言能力，如英语水平、其他外语能力；计算机技能，如熟练使用的软件和工具；其他专业技能或特长，如音乐、绘画、运动等。

例如：我叫李小荣，性别男，今年20岁，来自广东。目前就读于某大学的心理学专业，是一名大二的学生。

在大学期间，我的成绩较为突出，曾多次获得国家奖学金。我曾在某咨询公司进行过为期半年的实习，主要负责用户分析工作。我积极参与学校的社团活动，担任舞蹈社副社长，组织了校园街舞比赛，锻炼了自己的团队协作和沟通能力。我具备良好的英语听说读写能力，已通过大学英语四级。熟练掌握Office办公软件，能够高效完成各类文档和数据处理工作。同时，我还擅长摄影和绘画，这培养了我的审美和创造力。

2. 性格特点

（1）我的MBTI测试结果及分析

（2）他人对我的性格评价

（3）性格优势和劣势的分析

（4）小结　从性格特征出发选择适合的职业

例如：

1. 我的MBTI测试结果及分析

我的MBTI测试结果为INFJ。这一类型的人通常具有强烈的内驱力，富有洞察力和想象力，对未来有着清晰的愿景，并愿意为之努力奋斗。

我善于思考复杂的问题，对于抽象概念和理论有着浓厚的兴趣，这使我在面对需要深入分析和创新思维的任务时，能够表现出色。

2. 他人对我的性格评价

朋友们认为我是一个真诚且值得信赖的人，在他们遇到困难时，总会向我倾诉，而我也能耐心倾听并给予合理的建议。

同事们觉得我做事认真负责，有较强的责任心和团队合作精神，能够在团队中发挥积极的作用。

3. 性格优势和劣势的分析

优势方面，我具备较强的逻辑思维能力和独立思考能力，能够迅速理解新的知识和观念。同时，我具有坚定的意志力和决心，一旦设定目标，就会全力以赴去实现。

劣势方面，我有时会过于追求完美，导致在一些事情上花费过多的时间和精力。而且，在面对压力时，我可能会显得有些焦虑，需要学会更好地调节情绪。

4. 小结：从性格特征出发选择适合的岗位

综合我的MBTI测试结果、他人的评价以及对自身性格的分析，我认为自己适合从事需要深度思考、创新和与人合作的工作。例如，策划类、咨询类或者教育研究类的岗位。这些岗位能够充分发挥我的优势，同时也能让我在工作中不断完善自己的性格弱点，实现个人的职业成长。

3. 兴趣爱好

（1）我喜欢的休闲活动

（2）我最快乐的三个生活画面

（3）我喜欢的书/杂志/电视频道

（4）我的霍兰德的职业倾向测试结果及分析

（5）小结：从兴趣出发，选择我适合的职业

例如：

1. 我喜欢的休闲活动

我热衷于阅读各类书籍，在知识的海洋中遨游让我感到无比充实。

旅行也是我的心头好，去不同的地方体验风土人情，能够开阔我的视野。

此外，我还喜欢参加瑜伽课程，在舒缓的动作中放松身心，增强身体的柔韧性和平衡力。

2. 我最快乐的三个生活画面

第一个画面是与家人一起围坐在餐桌旁，分享着彼此的生活点滴，欢声笑语不断，那一刻我感受到了亲情的温暖和幸福。

第二个画面是在图书馆的角落里，沉浸于一本精彩的小说中，仿佛与书中的人物一同经历着喜怒哀乐，那种心灵的触动让我难以忘怀。

第三个画面是站在山顶，俯瞰着壮丽的自然风光，微风拂面，心中充满了对大自然的敬畏和对生活的热爱。

3. 我喜欢的书/杂志/电视频道

我喜欢的书籍有《平凡的世界》，它让我深刻体会到普通人在生活中的坚韧与奋斗。

常阅读的杂志是《国家地理》，丰富的图片和精彩的文章让我领略到世界各地的奇妙景观和文化。

电视频道方面，我偏爱央视的纪录频道，那些真实而精彩的纪录片总是能带给我新的启发和思考。

4. 我的霍兰德的职业倾向测试结果及分析

我的霍兰德职业倾向测试结果显示为社会型（S）和研究型（I）。这表明我对与人交往、帮助他人解决问题以及探索未知、进行深入研究有着较高的兴趣和能力。我善于倾听他人的想法和需求，并且能够理性地分析问题、寻找解决方案。

5. 小结：从兴趣出发，选择我适合的职业

综合我的兴趣爱好和霍兰德职业倾向测试结果，我认为适合我的岗位应具备以下特

征：一是能够提供丰富的知识获取和交流的机会，比如在文化、教育领域，让我可以不断充实自己，并与他人分享见解；二是有一定的创新性和探索性，允许我深入研究和解决问题，例如科研、调研相关的工作；三是需要较多的人际交往，使我能发挥善于沟通和倾听的优势，为他人提供帮助和服务。总之，这样的岗位能够让我充分发挥自身的兴趣和能力，实现个人价值，并获得职业满足感。

4. 能力特长

（1）我的知识技能

（2）我的可迁移技能

（3）我的自我管理技能

（4）我的能力特长小结

在撰写三种类型的技能时，需要用成就事件进行描述和证明。

例如：

1. 我的知识技能

在专业知识方面，通过大学的系统学习，我熟练掌握了市场营销的基本理论和方法。例如，在一次营销策划课程作业中，我成功运用所学的4P理论［即产品（Product）、价格（Price）、渠道（Place）和促销（Promotion）］为一家新开业的咖啡店制定了全面的营销方案，包括产品定位、价格策略、渠道选择和促销活动等，该方案得到了老师的高度评价，并作为优秀案例在课堂上进行展示。

此外，我还具备扎实的英语基础，通过了大学英语六级考试。在一次国际商务交流活动中，能够与外国友人进行无障碍的沟通，准确理解他们的需求，并提供有效的建议。

2. 我的可迁移技能

团队协作方面，我曾参与学校组织的创业大赛。在团队中，我充分发挥自己的协调能力，合理分配任务，积极组织团队成员进行头脑风暴和方案讨论。最终我们的项目获得了二等奖的好成绩，这充分证明了我在团队合作中的积极作用和有效沟通能力。

问题解决能力上，我在实习期间遇到了客户投诉的棘手问题。我通过深入了解客户需求，分析问题根源，提出了一系列切实可行的解决方案，并与相关部门协调合作，成功解决了客户的问题，赢得了客户的信任和好评。

3. 我的自我管理技能

我的时间管理能力较强，能够合理安排学习和工作任务。在准备重要考试的同时，还能兼顾社团活动的组织工作。通过制定详细的时间表和任务清单，高效完成各项任务，确保考试取得优异成绩的同时，社团活动也顺利开展。

压力管理方面，面对繁重的学业和就业压力，我能够保持积极的心态，通过运动、阅读等方式进行自我调节。在考研期间，尽管学习任务艰巨，但我依然能够保持良好的学习状态，最终成功上岸。

4. 我的能力特长小结

综合以上对各类技能的评估，我在市场营销领域具备一定的专业知识和实践能力，在团队协作、问题解决、时间管理和压力管理等方面也有着较为突出的表现。这些技能和特长使我有信心在未来的职业发展中，应对各种挑战，不断成长和进步。我相信自己能够在与市场营销相关的岗位上，充分发挥优势，为企业创造价值，并实现个人的职业目标。

5. 价值观

（1）个人最重要的五种职业价值观及其解释

（2）与个人价值观相匹配的职业选择

例如：

1. 个人职业价值观

在我的职业规划中，以下五种价值观对我来说最为重要。

（1）成就感　对我而言，成就感意味着能够在工作中看到自己的努力带来切实的成果和积极的影响。例如，在之前参与的一个社区志愿服务项目中，通过组织一系列的环保活动，成功提高了社区居民的环保意识，看到居民们的积极参与和环境的改善，我深感自豪和满足。

（2）创新　我渴望在工作中能够不断提出新的想法和解决方案，推动工作的改进和发展。在大学的一次课程设计中，我摒弃了传统的思路，采用了一种全新的方法来解决问题，最终获得了优秀的成绩，这让我坚信创新的力量。

（3）团队合作　我深知团队的力量大于个人，在一个团结协作的环境中工作能让我充满激情。曾经在一个小组项目中，我们各展所长，相互支持，最终出色地完成了任务，这种共同奋斗的经历让我珍视团队合作。

（4）职业发展机会　能够不断提升自己的能力和知识，拥有广阔的晋升空间是我非常看重的。比如在实习期间，公司提供的培训和学习机会让我快速成长，这使我更加明确职业发展机会的重要性。

（5）工作与生活平衡　我认为保持工作与生活的平衡是身心健康和长久发展的基础。当我合理安排时间，在工作之余也能充分享受生活，这让我能够以更好的状态投入工作。

2. 与个人价值观匹配的职业选择

综合考虑以上价值观，我认为以下职业比较适合我。

（1）产品研发岗位　可以充分发挥创新能力，通过不断研发新产品来获得成就感，同时也有较多的职业晋升机会。

（2）项目管理　能够带领团队完成项目，既体现团队合作的价值，又能在项目成功时获得满足感，且通常会有较好的职业发展路径。

（3）教育培训行业　看到学生的成长和进步会带来强烈的成就感，同时教育领域也注重不断学习和自我提升，有一定的职业发展空间，并且工作时间相对较为规律，有利于实现工作与生活的平衡。

通过明确这些重要的职业价值观以及与之匹配的职业选择，我更加清晰了自己的职业方向，也将更有针对性地为实现职业目标而努力。

6. 自我探索与认知小结

将自我探索与认知各部分的结果进行汇总，得出结论。

例如：在自我探索与认知的过程中，我对自己有了更全面、深入的了解。通过对兴趣爱好、性格特点、能力特长、职业价值观等方面的剖析，我清晰地看到了自己的优势和不足。

我发现自己对创意设计充满热情，这为我未来的职业选择提供了重要的方向指引。我的性格乐观开朗、善于与人沟通交流，使我在团队合作的项目中能够表现出色，但也需要注意在面对复杂问题时避免过于急躁，保持冷静思考。在能力方面，较强的逻辑思维和创新能力成为我在职场上的有力武器，然而组织协调能力还需要进一步的培养和锻炼。

在职业价值观上，个人成长和工作与生活的平衡是我最为看重的，这将在很大程度上影响我对职业的选择和在工作中的满意度。

总的来说，这次自我探索与认知让我更加明确自己的职业定位和发展方向。我将以这些认识为基础，制订更加贴合自身实际的职业生涯规划。

（三）职业分析

1. 外部环境分析

（1）家庭环境分析

（2）社会环境分析

（3）目标地域分析

例如：

1. 家庭环境分析

我出生在一个温馨和睦的家庭，父母都从事教育工作，他们注重知识的积累和个人素养的提升，从小就为我营造了良好的学习氛围。家庭的稳定经济状况为我提供了一定的物质支持，让我能够在求学和职业探索的道路上没有过多的后顾之忧。父母的职业经历也使他们能够给予我有关教育和职业发展的宝贵建议，鼓励我不断追求进步，培养了我坚韧不拔的品质和积极向上的人生态度。

2. 社会环境分析

当今社会，科技发展日新月异，互联网和人工智能等新兴技术正在重塑各个行业。这为我所学的计算机科学与技术专业带来了广阔的发展空间和众多的就业机会。同时，社会对创新型和复合型人才的需求日益增加，促使我不断提升自己的综合能力，以适应快速变化的就业市场。然而，竞争也愈发激烈，需要我具备更强的核心竞争力才能脱颖而出。

3. 目标地域分析

我将目标地域设定为深圳，这座城市是经济发展的前沿阵地，拥有众多知名企业和创新产业园区，为软件开发的发展提供了丰富的资源和优越的平台。此外，深圳的人才政策优惠，对引进高素质人才给予了诸多支持，包括住房补贴、创业扶持等。而且，其开放包容的文化环境和便捷的交通网络，也有利于个人的生活和职业发展。

综合以上家庭、社会和目标地域的分析，我深刻认识到自身所面临的机遇和挑战。我将充分利用有利因素，积极应对困难，为实现职业目标努力奋斗。

2. 目标职业分析

（1）目标职业所在行业分析

（2）行业领军企业现状

（3）职业对应的岗位工作内容

（4）岗位任职资格

（5）工作条件

（6）就业和发展前景

例如：

1. 目标职业所在行业分析

我所期望从事的目标职业是市场营销经理，该职业所在的行业广泛，涵盖了快消品、互联网、金融等众多领域。在快消品行业，市场竞争激烈，品牌推广和渠道拓展至关重要；互联网行业则注重创新营销手段和用户体验；金融行业对精准营销和风险把控有较高要求。不同行业的特点和需求为市场营销带来了多样化的挑战和机遇。

2. 行业领军企业现状

以互联网行业为例，像阿里巴巴、腾讯等领军企业在市场营销方面投入巨大，不断创新营销模式，通过大数据分析精准定位用户，实现高效的市场推广。在快消品行业，宝洁、可口可乐等公司凭借强大的品牌影响力和全球营销网络，始终占据市场份额前列。

3. 职业对应的岗位工作内容

市场营销经理的主要工作内容包括制定市场营销策略、组织市场调研、策划并执行营销活动、管理品牌形象、拓展销售渠道以及协调团队成员完成营销目标等。

4. 岗位任职资格

通常需要具备市场营销、工商管理等相关专业的本科及以上学历，拥有丰富的营销经验，熟悉市场动态和消费者需求，具备良好的数据分析能力、团队领导能力、沟通协调能力以及创新思维。

5. 工作条件

工作时间可能不固定，尤其在策划和执行重要营销活动期间，可能需要加班。工作环境可能涉及办公室、市场一线以及各种商务场合。

6. 就业和发展前景

随着市场竞争的加剧和企业对营销的重视，市场营销经理的就业前景广阔。经验丰富的市场营销经理有机会晋升为营销总监，或自主创业成立营销咨询公司。

综合以上分析，我明确了目标职业的要求和发展方向，这将有助于我有针对性地提升自己的能力，为未来的职业发展做好充分准备。

3. 职业分析小结

（1）总结关键发现　概括在对目标职业进行分析过程中的重要结论，如行业发展趋势、领军企业的成功策略、岗位的核心工作内容和任职要求等。

（2）自身匹配度评估　对照目标职业的要求，评估自己目前的优势和不足，以及与职业要求的契合程度。

（3）面临的挑战与机遇　指出在追求该职业道路上可能遇到的困难和挑战，同时也要提及潜在的发展机会和有利因素。

例如：

在对目标职业——软件工程师进行深入分析后，我有了以下关键发现。

软件行业作为当今数字化时代的核心驱动力，正经历着前所未有的快速发展。随着人工智能、云计算、大数据、物联网等新兴技术的崛起，软件的应用场景不断拓展和深化，从智能手机到智能家居，从智能交通到智能制造，几乎涵盖了社会生活的各个领域。

行业发展趋势呈现出高度的融合与创新特征。一方面，不同技术之间的融合日益紧密，例如人工智能与大数据的结合，为软件开发带来了更智能、更高效的解决方案；另一方面，软件与传统行业的深度融合，推动了各行业的数字化转型和升级。

在这个充满活力的行业中，诸如微软、谷歌等领军企业凭借强大的技术研发实力、前瞻性的战略布局以及优秀的人才团队，始终占据行业前沿。它们不断投入巨资进行技术创新,引领着行业的发展方向。同时,这些企业在软件开发流程、项目管理、团队协作等方面也积累了丰富的经验,为整个行业树立了标杆。

软件工程师的岗位核心工作内容包括软件的精心设计、高效开发、严格测试以及持续维护,需熟练运用Java、Python等多种编程语言和相关开发工具。任职资格通常要求具备计算机相关专业背景,精通数据结构与算法,具备出色的问题解决能力、严谨的逻辑思维以及良好的团队协作精神。

从地域方面来看,一线城市如北京、上海、深圳等地,拥有众多知名的科技企业和创新园区,为软件工程师提供了丰富的就业机会和广阔的发展平台。这些地区的技术氛围浓厚,能够接触到行业最前沿的技术和理念。同时,政府也出台了一系列支持政策,吸引和扶持软件人才的发展。然而,在这些地区工作,生活成本较高,竞争压力较大。相比之下,一些新一线城市如杭州、成都等,近年来软件行业发展迅速,也涌现出了一批有潜力的企业,且生活成本相对较低,对于初入职场的软件工程师来说,也是不错的选择。

对照这些要求,我对自身的匹配度进行了评估。优势在于我具备扎实的计算机基础知识,通过大学课程的学习,对编程语言有一定的掌握,且在团队项目中展现出了较好的协作能力。然而,我也存在明显的不足,比如在实际项目开发经验上较为欠缺,对一些前沿技术的了解还不够深入。

在追求软件工程师这一职业的道路上,我可能会面临诸多挑战。行业技术的快速更新要求我不断学习新知识,竞争的激烈意味着需要不断提升自己的综合能力以脱颖而出。但同时,也存在着许多机遇,如新兴技术领域的广阔发展空间,以及国家对科技创新的大力支持。

(四)职业决策与目标定位

1. 职业决策分析

(1)决策平衡单 当我们面对一个以上的职业选择时,可以用决策平衡单进行分析和决策,获得一个职业发展的目标。

例如:应用决策平衡单(表6-1)进行选择,倾向于选择新媒体运营岗位。

表6-1 决策平衡单(样表)

职业决策考虑因素		权重	人事助理		新媒体运营	
			利(+)	弊(-)	利(+)	弊(-)
个人物质方面得失	收入	8	4(32)		7(56)	
	环境的安全	8	7(56)		5(40)	
	休闲时间	5	6(30)			-2(-10)
	职业升迁机会	7	2(14)		7(49)	

续表

职业决策考虑因素		权重	人事助理		新媒体运营	
			利（+）	弊（-）	利（+）	弊（-）
个人精神方面得失	成就感	7	2（14）		6（42）	
	挑战性	6	4（24）		8（48）	
	自我实现	8	2（16）		8（64）	
他人物质方面得失	家庭经济	5	4（20）		5（25）	
	社会资源	7	6（42）		7（49）	
他人精神方面得失	与家人相处时间	7	6（42）			-1（-7）
	家人期望	3	6（18）		6（18）	
分数小计			49（308）			
合计分数			49（308）		56（374）	

（2）SWOT分析法

①我的优势

②我的劣势

③我的机会

④我的威胁

⑤我的整体策略

例如：市场营销专业的毕业生，他希望从事品牌推广相关工作的SWOT分析（表6-2）。

表6-2　SWOT模型分析（样表）

优势（Strengths）	劣势（Weaknesses）
1. 教育背景：毕业于一所知名大学的市场营销专业，系统学习了市场营销的理论和方法 2. 实习经历：曾在一家大型企业的市场部实习，参与了品牌推广项目，积累了一定的实践经验 3. 技能：熟练掌握市场调研、数据分析和营销策划等工具，具备良好的写作能力和沟通能力 4. 性格特质：积极主动、富有创造力、能够在压力下保持良好的工作状态	1. 工作经验不足：毕业后尚无全职工作经验，对行业的实际操作可能不够熟悉 2. 领导力有待提升：在团队协作中，领导能力和组织能力相对较弱 3. 行业视野较窄：对某些新兴行业和市场趋势的了解不够深入
机会（Opportunities）	威胁（Threats）
1. 行业发展：随着消费升级，品牌推广的需求不断增长，市场前景广阔 2. 数字营销兴起：社交媒体和数字平台为品牌推广提供了更多创新渠道和方式 3. 培训机会：公司通常会提供各种培训和学习机会，有助于提升个人能力	1. 竞争激烈：市场营销领域人才众多，竞争压力大 2. 技术变革：新技术的不断涌现可能导致传统营销手段失效，需要不断学习适应 3. 经济环境不稳定：经济形势的波动可能影响企业的营销预算和招聘计划

基于上述SWOT分析，可以制定以下整体策略。

1. SO策略（利用优势，抓住机会）

凭借扎实的专业知识和实习经验，争取进入快速发展且对品牌推广需求旺盛的行业中的领先企业，参与创新的数字营销项目。

利用良好的写作和沟通能力，在社交媒体等数字平台上积极展示自己的专业见解，吸引潜在雇主的关注，拓展职业机会。

2. WO策略（克服劣势，抓住机会）

参加针对新兴行业和数字营销的培训课程，弥补行业视野狭窄的不足，把握数字营销带来的机会。

在新的工作环境中，主动承担一些小型项目的领导任务，如组织小组讨论或负责小型项目的部分环节，逐步提升领导力。

3. ST策略（利用优势，应对威胁）

发挥自己在市场调研和数据分析方面的技能优势，为企业提供精准的品牌推广方案，在竞争激烈的市场中脱颖而出。

持续关注技术变革趋势，将新技术融入品牌推广策略中，以应对可能因技术变革导致的传统手段失效。

4. WT策略（克服劣势，应对威胁）

加强自身综合能力的培养，提升竞争力，以应对激烈的行业竞争和不稳定的经济环境对职业发展的影响。

建立多元化的技能组合，如学习项目管理和财务知识，降低因工作经验不足和专业技能单一可能带来的风险。

2. 职业目标确定

经过以上的所有分析，在这个部分确定职业决策和目标。

（五）职业生涯规划设计

1. 目标制定

（1）长期目标

（2）中期目标

（3）短期目标

例如：

1. 长期目标

我的长期职业目标是成为所在行业的资深专家，并拥有自己的咨询公司，能够为各类企业提供专业、前沿且具有创新性的营销战略指导。在行业内树立良好的口碑和品牌形象，推动行业的发展和进步。

2. 中期目标

中期目标是在一家知名企业担任营销总监的职位，带领团队打造具有影响力的营销案例，提升企业的市场份额和品牌知名度。同时，积累丰富的管理经验和行业资源，深入研究行业动态和市场趋势。

3. 短期目标

短期而言，我希望能够进入一家有潜力的公司担任营销专员，熟悉公司的业务流程和市场情况。在一年内，熟练掌握各类营销工具和技巧，独立完成小型营销项目，并取得可量化的成果。在两年内，与团队协作完成至少一个重要的营销活动，获得上级的认可和同事的好评。

通过明确这些阶段性的目标，我将有更清晰的努力方向和行动路径，逐步实现自己的职业理想。

2. 制订行动计划

（1）长期计划　毕业后五年计划

（2）中期计划　本科期间的行动计划

（3）短期计划　每个学期计划

例如：

1. 长期计划：毕业后五年计划

（1）毕业后第一年，成功入职一家在行业内排名前50的公司，担任市场营销专员，熟悉公司所有产品线和所在区域市场情况，建立至少10个良好的业内人际关系。在年终绩效考核中获得"良好"及以上评级。

（2）第二年，晋升为市场营销主管，带领5人小组完成至少3个营销任务，团队协作满意度达到80%以上，项目管理能力获得上级的明确认可。

（3）第三年，成为市场营销经理助理，参与制定至少2个公司重要产品线的营销策略，积累至少5个重要的行业资源。

（4）第四年，担任市场营销经理，独立负责公司核心产品线的营销工作，实现该产品线年度业绩增长20%以上。

（5）第五年，争取成为公司的营销总监，全面负责公司的营销战略规划和执行，推动公司品牌在行业内的知名度提升30%。

2. 中期计划：本科期间的行动计划

（1）大一，适应大学生活，了解本专业的课程设置和培养方案。认真学习基础课程，如高等数学、大学英语等，高等数学成绩达到80分以上，大学英语通过四级。积极参加学校的2个社团活动,每月参加活动不少于2次,拓展人脉资源,锻炼沟通能力和组织能力。

(2)大二,专注于专业课程的学习,如市场营销学、消费者行为学等,至少有3门专业课成绩为85分以上。参加1次与专业相关的省级竞赛并获得奖项。考取计算机二级证书。

(3)大三,选修2门拓展性的课程,如品牌管理、营销策划等,课程成绩均在90分以上。寻找至少1家业内知名企业的实习机会,实习评价达到"优秀"。

(4)大四,完成毕业设计,选择具有实践意义和创新性的课题,论文成绩达到"良好"以上。参加各类招聘会和求职活动,至少获得3个工作面试机会。

3. 短期计划:每个学期计划

(1)大一上学期,熟悉校园环境和教学资源,制订每周学习计划。参加学生会或志愿者协会其中一个社团组织,并在学期内参与组织3次活动。

(2)大一下学期,通过英语四级考试,至少在一门专业课上取得90分以上的成绩。参与社团组织的2次活动策划,提升组织能力。

(3)大二上学期,在两门核心专业课上拿到85分以上的成绩,报名参加与市场营销相关的竞赛,并进入复赛。

(4)大二下学期,考取与专业相关的初级证书,如市场营销初级证书。争取获得学校二等奖学金。

(5)大三上学期,在实习单位至少参与2个项目,获得实习导师的推荐信。选修一门与数据分析相关的课程,成绩达到85分以上。

(6)大三下学期,确定毕业论文的选题,开始收集相关资料,资料不少于20篇。参加3次企业举办的营销讲座和培训。

(7)大四上学期,完善简历和求职信,参加校园招聘活动,投递简历的公司不少于10家。完成毕业论文的初稿。

(8)大四下学期,修改毕业论文,参加论文答辩,论文重复率低于15%。根据求职结果,选择综合评分在80分以上的工作机会,顺利入职。

通过明确具体、可衡量、可实现、相关且有时限的长期、中期和短期的计划,我将有步骤、有方向地实现自己的职业目标,为未来的发展奠定坚实的基础。

(六)动态评估调整

1. 评估目标达成情况
2. 评估能力发展
3. 评估市场变化适应性

4. 决定上述评估是否需要调整

例如：

1. 目标达成

（1）评估结果　经过一年半的时间，已经掌握了一些关键的软件开发技能，但在复杂项目的架构设计方面仍有不足，尚未达到能够独立领导项目的水平。

（2）调整策略　报名参加更高级的技术培训课程，专注于学习架构设计知识；主动参与公司内部的复杂项目，向有经验的同事请教。

2. 能力发展

（1）评估结果　在编程能力上有进步，但沟通能力和团队协作能力有待加强，这可能会影响项目领导能力的培养。

（2）调整策略　参加沟通技巧和团队协作的培训课程；在项目中主动承担更多的协调和沟通工作，锻炼相关能力。

3. 市场变化适应性

（1）评估结果　行业中出现了新的编程语言和开发框架，而尚未掌握，可能会影响未来的职业竞争力。

（2）调整策略　利用业余时间自学新的语言和框架；参与相关的开源项目，积累实践经验。

（七）结束语

对整篇职业生涯规划书进行总结，同时体现出自己对未来工作的决心和信心。

例如：这份职业生涯规划为我的未来职业发展提供了清晰的框架。在接下来的日子里，我会一步一个脚印地去落实规划中的每一项任务。同时，保持敏锐的洞察力，及时发现问题并做出合理的调整。我期待通过自己的努力，在职业道路上稳步前进，创造出属于自己的价值。

单元二 | 给小明的职业规划把把脉

一、小明的人生故事

小明从小到大都不是一个成绩特别突出的学生，一直在班级排名中游。最主要的原因是各科成绩很不均衡，数学常常不及格，而语文常常在全年级名列前茅。因为语文学科突出，小明在学生时期参加了大大小小的写作类、演讲类的比赛，也都取得了不错的成绩。所以虽然成绩一般，但小明依旧算是学校里的风云人物，再加上他性格外向开朗，结交了不少朋友，这些朋友中不乏成绩优异又有特长的同学。小明回忆起从初中到高中的生活，一直很庆幸老师和家长给了自己发挥特长的空间，让自己拥有一个圆满的青少年时代。用小明自己的话说："那是我闪闪发光的一段人生经历。"也正因为这样，小明一直希望自己也能够做一个帮助别人、成就别人、看到别人闪光点的人。

高三的学习很紧张，大家都在为了高考努力着，小明也不例外。那段时间，小明放弃了所有"不务正业"的课外活动，一心一意地为成绩拼搏着。命运公平地对待了小明的付出，最终，小明正常发挥，获得了自己能力范围内最好的成绩，考入了理想的大学。小明事后回忆起高考的这段经历说："当看到自己的努力有了回报，是一件幸福的事情，这也更让我坚定了，人生就是要努力拼搏的。"

进入大学，小明的"不务正业"开始在各个领域遍地开花。担任了班级的团支书，继续参加各个级别的写作比赛，曾经斩获了主持人大赛的桂冠和辩论赛的最佳辩手，担任文学社社长……做这些工作虽然牺牲了一些时间，但也让小明在这个过程中学习到了如何优化和调整自己的时间，合理分配精力，提升效率。当然，小明也有烦恼。因为自己一直以写作和表达见长，大学时填报了法律专业。但随着学习的深入，小明发现法律专业和自己想象的并不完全一样，有大量的时间都在钻研法律条款，剖析案例，如果想要学好法律专业，需要耐得住性子，这与小明活泼好动的性格形成了冲突。慢慢地，小明对毕业后从事法律工作的想法产生了动摇。因为缺少热爱，小明决定不将法律方向纳入自己的职业规划考量之中。至于未来可以做什么，小明也没有确定的方向。

大三下学期进入到实习阶段，作为法律专业的学生，同学们都奔向了企业的法务部门和律所，小明因为较强的表达能力和文字功底，还有大学期间的学生工作积累，收到了某大学企业高层管理培训中心的实习机会。实习期三个月像是给小明打开了新世界大门，让他了解到了企业培训这个职业。小明在实习期间负责接待、安排全国各地游学活动，以及各类型培训活动策划和实施。这份实习工作一端连接的是各种学术专家、行业精英，另一端连接的是企业管理者，小明觉得自己每天都在突破自己的舒适区，每天都在压力中成长和历练，其中包括：提升了项目实施管理的能力、把握细节的能力、整合资源的能力、沟通交流的能力等。每一次工作都让小明觉得意义非凡，小明觉得这种意义感远不是单纯的薪资所能衡量的。

实习期结束，这个培训中心向小明抛来了橄榄枝，邀请小明加入。

当你读到这里，如果你是小明的朋友，你会给小明提出什么建议呢？

按照我们职业生涯规划的知识和方法，你会从哪些角度给小明提出建议呢？

二、小明的职业选择分析

（一）小明的自我认知和定位

根据小明的人生故事，我们可以看到小明以下的特征。

1. 兴趣

（1）长期热衷于写作　在学生时期积极参加写作类比赛，语文成绩常名列前茅，展现出对文字创作的浓厚兴趣。

（2）对演讲充满热情　多次参与演讲类比赛并取得不错成绩，享受在台上表达观点的过程。

（3）喜欢参与能展现表达能力的活动　如主持人大赛、辩论赛等，从中获得乐趣和成就感。

2. 能力

（1）具有较强的文字功底和表达能力　能清晰准确地通过文字和语言传达信息。体现在多次在写作类竞赛中获奖。

（2）具备一定的组织协调和项目管理能力　能有效地安排活动和分配资源。

（3）具备良好的沟通交流能力　能够与不同人群建立有效的沟通和联系。体现在有很多的朋友、在实习的接待工作中表现良好，获得留用。

（4）能够很好地管理时间和其他资源　体现在大学期间多管齐下地完成了学业和课余活动。

3. 价值观

（1）渴望通过帮助他人、成就他人来实现自我价值　这在他对学生时代老师和家长的感激以及对未来职业的期望中有所体现。

（2）重视工作的意义和价值　认为工作中的成长和历练比单纯的薪资更重要。

（3）认可努力拼搏的价值，坚信付出会有回报　这从他高三的努力和对高考的感悟中可以看出。

4. 性格

（1）性格外向开朗　善于与人交往，结交了不少朋友，这为他的人际关系和职业发展打下了良好基础。

（2）活泼好动，充满活力　难以长时间专注于需要耐心钻研的事务，如法律条款的学习。体现在他在学习法律专业时感到与自己的性格冲突。

（3）心态积极乐观　面对困难和挑战能够保持坚定的信念和积极的态度。比如，在对法律职业产生动摇时，能积极寻找新的方向和机会。

（二）企业培训类岗位的前景分析

1. 企业管理培训行业发展现状

企业管理培训行业近年来呈现出蓬勃发展的态势。随着市场竞争的加剧，企业对于提升管理水平和员工素质的需求日益增长。越来越多的企业认识到，优秀的管理团队和高效的工作流程是取得竞争优势的关键。

目前，市场上的企业管理培训提供商众多，包括专业的培训机构、咨询公司、高校商学院以及企业内部的培训部门等。培训内容涵盖了领导力、团队建设、沟通技巧、项目管理、人力资源管理等多个领域。

从市场规模来看，2022年我国企业管理培训行业市场规模达2886亿元，2023年管理培训行业规模增长突破9000亿元，至2025年市场规模预计达到13194亿元。从企业分布来看，这类公司在经济发达地区相对集中，如北京、上海、广州、深圳等一线城市。

2. 企业管理培训类职业发展

（1）按照岗位方向有两条发展路径

①培训专员—培训项目负责人—培训经理/培训讲师/咨询专家。

②基层培训讲师—高级培训讲师—行业专家/咨询专家。

（2）按照业务方向发展

单纯授课—授课+咨询+顾问—授课+咨询+顾问+出版书籍音像—投资人。

（3）按照授课方向发展

多个课程—某个领域的课程—版权课程。

（4）按课程行业方向发展

各大行业课程—锁定某个大行业——一个行业的某细分领域。

3. 企业管理培训类岗位能力需求

企业管理培训类岗位的能力要求如下。

（1）专业知识能力　包括管理学知识、培训方法和技巧、课程设计与开发能力等。

（2）可迁移能力　包括沟通与表达能力、倾听能力、行业洞察力、学习能力、问题分析解决、团队合作与协同、组织协调等。

（3）自我管理能力　包括时间管理、情绪管理、目标管理等。

（三）小明选择企业管理培训岗位SWOT分析（表6-3）

表6-3　小明的SWOT分析模型

优势（Strengths）	劣势（Weaknesses）
1. 出色的表达能力和文字功底：能够清晰、生动地传授知识，使培训内容更具吸引力。有助于撰写高质量的培训材料和课程文档 2. 丰富的活动组织和参与经验：懂得如何调动氛围，提高学员的参与度和积极性 3. 能够有效地协调资源：保障培训活动的顺利开展 4. 外向开朗的性格：容易与学员建立良好的关系，增强培训效果。有助于在行业内拓展人脉资源 5. 价值观契合：企业管理培训是"育人助企"的工作，可以很好地实现个人成就感和职业价值感，与小明本人价值观一致	1. 法律专业背景可能与管理培训不完全相关 2. 缺乏系统的管理学专业知识体系 在面对专业的管理问题时，可能缺乏深入的理论支持 3. 耐心不足，对于一些需要长时间细致讲解的内容，可能会出现急躁情绪 4. 行业经验相对较少，对不同行业的企业管理特点和实际问题了解不够深入
机会（Opportunities）	威胁（Threats）
1. 企业对管理培训需求的增长：有更多机会参与各类企业的培训项目，积累经验。能够接触到不同领域的知识和案例，丰富自身的培训内容 2. 在线培训的发展：可以借助网络平台，扩大培训受众范围。有机会学习和运用新的在线培训技术和工具 3. 行业交流与合作增多：参加各类培训行业的研讨会和活动，提升自己的知名度和影响力。与其他优秀的培训师合作，共同开发优质的培训课程	1. 竞争激烈：市场上有众多经验丰富、知名度高的培训师，竞争压力大。可能面临客户对培训师资质和经验的严格筛选 2. 行业标准和规范不断提高：需要不断提升自身能力以满足更高的要求。可能需要投入更多时间和精力获取相关认证和资质 3. 客户需求的多样化和个性化：难以满足所有客户的特殊需求，可能导致客户流失。增加了培训课程设计和实施的难度

小明从事企业管理培训类岗位的SO、WO、ST、WT战略。

1. SO战略

（1）利用出色的表达能力和文字功底，结合在线培训兴起的机会，制作优质的线上培训课程，扩大影响力。

(2) 凭借性格优势和组织经验,积极参与大型企业管理培训项目,争取在重要项目中展现才能。

　　2. WO战略

　　(1) 针对法律专业背景关联性弱的劣势,抓住企业对管理培训需求增长的机会,参加管理学的系统培训课程,弥补专业知识不足。

　　(2) 利用行业交流合作机会,向资深培训师请教,学习如何在培训中保持耐心和深度,改善耐心不足的问题。

　　3. ST战略

　　(1) 发挥表达和组织优势,在竞争激烈的市场中,打造具有个人特色的培训课程,突出差异化。

　　(2) 依靠良好的人际关系处理能力,与客户保持密切沟通,确保培训效果符合客户的期望,应对竞争压力。

　　4. WT战略

　　(1) 为应对专业知识不足和竞争激烈的双重挑战,专注于某一细分管理领域,深入研究,形成专长。

　　(2) 针对耐心欠缺和行业经验少的劣势,同时面临行业标准提高的威胁,加入专业培训团队,在团队中学习成长,逐步提升自身能力。

　　(四)小结

　　通过以上的分析,可以得出这样的结论:小明具备一定的优势和潜力,使得他选择企业管理培训类岗位具有一定的可行性。

　　他的优势包括出色的表达能力和文字功底,能够清晰有效地传递知识;外向开朗的性格有助于与学员建立良好关系;丰富的活动组织经验可应用于培训流程的安排。

　　然而,小明也面临一些挑战,如法律专业背景与管理培训的相关性较弱,耐心不足可能影响某些复杂内容的讲解,以及行业经验的相对缺乏。通过采取有效的策略,如系统学习管理知识、积累实践经验、建立人脉、提升个人品牌等,小明有机会克服劣势,提升自己在这一领域的竞争力。

　　综上所述,小明可以选择企业管理培训类岗位,但需要付出努力,充分发挥优势,应对挑战,以实现职业发展目标。

专题实训

实践目标

根据专题中提到的职业生涯规划书目录和内容，尝试根据以下引导步骤撰写自己的职业生涯规划书。

实训过程

步骤一　前言

请思考一下：职业生涯规划对你而言的意义是什么？规划未来的职业对你而言可能会带来什么？在当今竞争激烈的就业环境中，你觉得规划职业生涯能给你带来什么优势？能说一说你对未来职业的初步设想或者梦想吗？对于未来可能出现的职业机会和风险，你有过怎样的思考？

通过思考这些问题，来撰写职业生涯规划的前言部分。

步骤二　自我认知

1. 兴趣探索

（1）你最喜欢做的事情是什么，请写出理由。

喜欢的事情	你的理由

（2）让你感到开心的三个人生事件，请写出理由。

开心的事情	你的理由

（3）你平时喜欢的书籍或者视频，请写出理由。

喜欢的书籍/视频	你的理由

（4）你的霍兰德职业兴趣类型是什么？根据你的学习和理解，与你的兴趣类型对应的职业有什么特点，有哪些职业与之对应吗，请写下来。

（5）经过以上兴趣探索，你获得了什么启发？你对自己感兴趣的职业有什么认知？请写下来。

2. 性格探索

（1）你的MBTI测试结果是什么？这个类型的性格特点是什么，与之相对应的工作有哪些特征，请写下来。

（2）请从以下性格描述词中挑出最能代表你的五个，写下来。

积极向上、乐观开朗、沉稳内敛、热情大方、真诚友善、独立自主、坚强勇敢、自信果断、心思细腻、温柔体贴、善解人意、活泼可爱、幽默风趣、聪明机智、勤奋努力、刻苦钻研、脚踏实地、责任心强、有担当、有毅力、有耐心、有恒心、宽容大度、随和亲切、谦逊有礼、正直善良、诚实守信、保守稳重、创新进取、勇敢无畏、心思缜密、灵活多变、善于沟通、富有领导力、团队合作精神强、富有创造力、富有想象力、好奇心强、适应能力强、洞察力强、自控力强、自律性高、自尊心强、好胜心强、敏感细腻、豪爽奔放、谨小慎微、多愁善感、淡泊名利、急功近利、粗心大意、犹豫不决、胆小怕事、孤僻冷漠、自私自利、自高自大、刚愎自用

（3）除刚才挑选出的五个词之外，你觉得自己还有什么性格特点，请写下来。

（4）请采访一下你的老师、同学、朋友、父母，在他们的眼里，你是什么性格的人，填在下表中。

采访对象	评价	关键词描述
老师		
同学		
父母		
朋友		

（5）经过以上兴趣探索，你获得了什么启发？你对自己感兴趣的职业有什么认知？你的性格中有什么优势和劣势，请写下来。

3. 能力探索

（1）请回忆你的以往经历，有没有一些成就事件，多么微小都可以，从中分析自己的能力。在撰写成就事件时，可以参考之前学习过的STAR原则。

成就事件一：

能力分析总结：

能力分类	能力要项
专业知识能力	
可迁移能力	
自我管理能力	

成就事件二：

能力分析总结：

能力分类	能力要项
专业知识能力	
可迁移能力	
自我管理能力	

成就事件三：

能力分析总结：

能力分类	能力要项
专业知识能力	
可迁移能力	
自我管理能力	

通过前面的分析，你发觉自己具备哪些能力，请写下来。

（2）请采访一下你的老师、同学、朋友、父母，在他们的眼里，你有哪些能力，填在下表中。

采访对象	评价	关键词能力提炼
老师		
同学		
父母		
朋友		

（3）经过以上这些能力探索，你获得了什么启发？请总结一下自己的能力，写下来。并且说说看，你觉得这些能力可以胜任的职业有哪些？

4. 价值观探索

（1）请回忆你的以往经历，有没有一些事情，让你觉得自己很骄傲，或者很认可自己的行为、做法、选择？这件事情体现了什么价值观？

事件一：

价值观：

事件二：

价值观：

事件三：

价值观：

（2）请想想看，你周围的人（父母、老师、同学、朋友、亲戚等）有些什么样的价值观，这些价值观对你产生了影响吗？请写下来。

（3）以下职业价值观中，请挑选出对你来说最在意的三个，说说看为什么这三个很重要。

①成就感：从工作中获得成功和满足感，看到自己的工作成果产生积极影响。
②智力激发：工作能够不断激发自己的思维和创造力，提供学习和成长的机会。
③独立性：能够自主决策，独立开展工作，拥有一定的工作自主性。
④社会地位：职业能够带来较高的社会认可和尊重。
⑤经济报酬：获得丰厚的薪资、福利和物质回报。
⑥工作环境：包括舒适的物理环境、良好的团队氛围和人性化的管理制度。
⑦安全性：工作稳定，有保障，风险较小。
⑧人际关系：与同事、上司和客户建立良好、和谐的关系。
⑨利他主义：通过工作为他人、社会作出贡献，帮助他人改善生活。
⑩多样性：工作内容丰富多样，避免单调重复。
⑪生活方式：工作与个人生活能够平衡，不影响个人的兴趣爱好和家庭生活。
⑫职业发展：有清晰的晋升渠道和职业发展空间。
⑬挑战性：工作充满挑战，能够不断突破自己的能力极限。
⑭创造性：有机会发挥自己的创意和想象力，创造新的事物或方法。

（4）经过以上这些价值观探索，你获得了什么启发？请总结一下自己的职业价值观是什么，有哪些职业可以满足你的职业价值观？

步骤三　自我探索小结

回顾以上探索的结果,考虑自己的兴趣、性格、能力和价值观等,你有什么样的发现和启发,会对职业选择有什么样的影响?

步骤四　收集职业信息

通过前面的自我探索,对于职业选择可能已经有了一些方向,请对这个方向进一步收集信息。

1. 写下你的目标职业,可以是具体的岗位,并思考这些岗位可以在哪些行业中获得,写下这个行业和岗位的名称。

2. 收集行业信息

(1) 这个行业当前处在行业生命周期中的什么阶段,这个阶段有什么特点(从规模、增速等方面阐释)?

(2) 目前这个行业集中在我国的哪个或哪几个城市?

（3）这个行业目前有哪些细分赛道？这些赛道各有什么特点？

3. 收集领军企业信息

请选择1~2个行业领军企业，登录其企业网站，了解以下信息。

（1）该企业的总部以及各分公司分布在哪些城市，请写下来。

（2）这些城市中有你心仪的目标城市吗？如果有，是哪几个，请写下来。

（3）该企业提供的主要产品或服务是什么，请写下来。

（4）通过你的调研，你觉得该企业的组织文化是怎样的，你认同吗？说说你的理由。

（5）请选择三个你准备调研的岗位，用PLACE模型，进行信息收集和比对，并填写下表。

PLACE模型要素	岗位1：_____	岗位2：_____	岗位3：_____
P-职位			
L-工作地点			
A-晋升机会			
C-雇用条件			
E-入职要求			

（6）提炼岗位核心能力。现在请你将收集到的信息进行汇总整理，提炼出这三个目标岗位所需要的能力素质，填写下表。

目标岗位	核心能力要求	证书要求	实践经验要求	工作内容	薪资待遇

步骤五　职业决策

1. 到目前为止，你已经对这些岗位信息有了相对充分的了解，请利用决策平衡单法分析这几个岗位。

职业决策考虑因素	权重	职业1_____		职业2_____		职业3_____	
		利（+）	弊（-）	利（+）	弊（-）	利（+）	弊（-）
个人物质方面得失							
个人精神方面得失							
他人物质方面得失							

续表

职业决策考虑因素	权重	职业1_____		职业2_____		职业3_____	
		利（+）	弊（-）	利（+）	弊（-）	利（+）	弊（-）
他人精神方面得失							
分数小计							
合计分数							

经过以上探索，你目前做出的职业选择是什么？

2. 利用SWOT模型分析自己从事这个岗位的可能性。

优势（Strengths）	劣势（Weaknesses）

机会（Opportunities）	威胁（Threats）

3. 通过SWOT分析模型，你对于自己和岗位的现状都有了更清晰的认识，请将需要提升的职业能力要素填入下表。

能力要素	目标岗位要求	有待提升的能力项
知识		
技能		
才干		

步骤六　行动计划

1. 根据职业决策制订五年行动计划

序号	行动策略	完成时间	结果

2. 根据五年行动计划，制订大学期间行动计划

序号	行动策略	完成时间	结果

参考文献

［1］［英］菲欧娜·默登. 心理学家教你职业规划［M］. 朱蓓静，译. 成都：四川文艺出版社，2022.

［2］张国立，张晶，徐坤. 点亮未来——大学生职业生涯规划（微课版）［M］. 成都：电子科技大学出版社，2021.

［3］季祖强，吴培煌，文武. 大学生职业生涯规划实用教程［M］. 上海：上海交通大学出版社，2017.

［4］张伟，齐蕊. 职场心理调节手册［M］. 北京：中国经济出版社，2012.

［5］［美］罗伯特·里尔登，等. 职业生涯发展与规划［M］. 侯志瑾，等，译. 北京：中国人民大学出版社，2016.

［6］代红兵，王建军，梁阿妮. 职场启航：大学生就业指导实务（微课版）［M］. 成都：电子科技大学出版社，2021.

［7］姚飞. 大学生职业生涯规划与就业创业指导——理论、演练与实训［M］. 北京：人民邮电出版社，2021.

［8］陈芳，陈凯乐. 职业素养提升与职业生涯规划［M］. 北京：机械工业出版社，2023.

［9］何霞，方慧. 职业生涯规划实战体验手册［M］. 北京：机械工业出版社，2022.

［10］郑文博，翟玉婧，杨路. 职业选择力：发现自己的人生赛道［M］. 北京：电子工业出版社，2021.

［11］［美］彼得·德鲁克. 卓有成效的管理者［M］. 许是祥，译. 北京：机械工业出版社，2012.

［12］［美］卡罗尔·德韦克. 终身成长［M］. 楚祎楠，译. 南昌：江西人民出版社，2017.

［13］王丽. 职业生涯规划［M］. 北京：高等教育出版社，2021.

［14］周刚，卢义兰. 大学生涯规划与职业发展［M］. 北京：航空工业出版社，2019.

［15］许湘岳. 职业生涯规划［M］. 北京：人民出版社，2017.